INTERPRETATIONEN ENGLISCH

TENNESSEE WILLIAMS

A Streetcar Named Desire

Interpretiert von
Rainer Jacob

STARK

Bildnachweis
Umschlag: © Cinetext Bildarchiv
S. 3: © ullstein bild – UPI
S.41: © Homestudiofoto/Dreamstime.com
S. 42: © Richard Nelson/Dreamstime.com
S. 44: http://commons.wikimedia.org/wiki/Image:Orleans.bourbon.arp.750pix.jpg
S. 47: © Voyagerix/Dreamstime.com
S. 58: © visipix.com
S. 73: © ullstein bild – KPA

ISBN 978-3-86668-126-2

www.stark-verlag.de
1. Auflage 2009

Inhalt

Autor: Rainer Jacob

Vorwort

Liebe Schülerinnen, liebe Schüler,

diese Interpretationshilfe unterstützt Sie bei der Arbeit mit dem Drama *A Streetcar Named Desire* von Tennessee Williams. Sie erhalten Hintergrundinformationen und Interpretationsansätze, die Ihnen einen kompakten Überblick vermitteln und eine tragfähige Grundlage für die Vorbereitung auf Klausuren bieten.

Zum Einstieg erhalten Sie Informationen zur Biografie des Autors sowie zu seiner Stellung innerhalb der amerikanischen Literatur. Die ausführliche **Inhaltsangabe** gibt Ihnen eine Orientierung über den Gang der Handlung. Sie wird auch bei einer Wiederholung Ihrer Kenntnisse gute Dienste leisten. Danach folgt eine knappe Übersicht über Personen und Ablauf der Ereignisse. Ausführliche Charakterisierungen fördern das Verständnis der Hauptfiguren. Weitere Kapitel widmen sich **Sprache** und **Symbolik** sowie **Zentralen Themen** und **Motiven**. Die Interpretation von drei **Schüsselstellen** zeigt detailliert die Bedeutung wichtiger Gelenkstellen. Der Abschnitt **Rezeptionsgeschichte** informiert über die Aufführungen des Werks auf amerikanischen, britischen und deutschen Bühnen.

Wie bei allen Interpretationen literarischer Kunstwerke gilt auch hier, dass es eine „endgültige" und einzig richtige Auslegung nicht gibt. Jeder Leser sieht einen Text aus einer etwas anderen Perspektive. Umso wichtiger ist es daher, dass Sie Hinweise für eine sinnvolle, auf Textkenntnis basierende Interpretation erhalten. In diesem Sinn soll dieser Band Sie zu eigenen Auslegungen und Erkenntnissen führen.

Ich wünsche Ihnen viel Freude und Erfolg bei der Vorbereitung auf den Unterricht und auf Prüfungen!

Rainer Jacob

Einführung

Tennessee Williams gehört neben Eugene O'Neill und Arthur Miller zu den großen Schriftstellern des modernen amerikanischen Dramas des 20. Jahrhunderts. *A Streetcar Named Desire* wurde am 4. November 1947 im Barrymore Theatre in New York uraufgeführt. Der sensationelle Erfolg – sowohl des Theaterstücks als auch der Filmversion von 1951 – erklärt sich zum einen aus der Thematik, aber auch aus den formalen Qualitäten und der Bühnenwirksamkeit, die das Stück auszeichnen.

In der leicht exotisch anmutenden schwülen Atmosphäre der Jazz-Metropole New Orleans prallen zwei Charaktere und Wertvorstellungen aufeinander, die unterschiedlicher nicht sein könnten. Da ist auf der einen Seite die kultivierte, empfindsame, neurotische Blanche, die auf der Flucht vor ihrer Vergangenheit Unterschlupf bei ihrer Schwester Stella sucht. Zu den dunklen Seiten dieser verblassten Südstaatenschönheit gehören ihre Alkoholsucht und ihre unmoralische Vergangenheit. Blanche steht für den aristokratischen Landadel des amerikanischen Südens, der dem Untergang geweiht ist, da er unfähig ist, sich den Anforderungen der neuen Zeit zu stellen. Auf der anderen Seite sehen wir Blanches Schwager Stanley Kowalski. Er ist polnischer Abstammung, jetzt stolzer Amerikaner, der im Zweiten Weltkrieg für sein neues Vaterland kämpfte. Obwohl er der Prototyp des gerissenen, aufbrausenden, brutalen Machos ist, verbindet ihn mit Stella eine leidenschaftliche Partnerschaft. Ihm geht Blanches aufgesetzte Vornehmheit auf die Nerven, und er zerstört mitleidlos das Lügengebäude, das sie zu ihrem Schutz aufgebaut hat. Stanley verkörpert den aufstrebenden, aber auch proletenhaften Einwanderer – den Vertreter der neuen Zeit.

In den 40er-Jahren des 20. Jahrhunderts brachte Tennessee Williams Themen wie sexuelle Beziehungen, Gewalt und psychische Probleme zur Sprache, welche seine Zeitgenossen schockierten und zugleich faszinierten. Einige Kritiker charakterisierten das Stück als „reißerisch" oder „schmutzig und verkommen"[1] – Aussagen, die allerdings nur noch mehr Publikum ins Theater lockten. Heute erscheinen manche Problembereiche kaum noch schockierend bzw. können als gelöst angesehen werden. Andere haben nichts von ihrer Aktualität eingebüßt. In der damaligen puritanischen Gesellschaft war z. B. das Thema Sexualität mit einem Tabu belegt. Insbesondere über Homosexualität wurde nicht nur nicht geredet, sie war verboten und wurde unterdrückt, sodass Homosexuelle an den Rand der Gesellschaft, in die Illegalität und in die Heimlichkeit gedrängt wurden. Die inneren Spannungen, Ängste, Neurosen und Leiden der Menschen brachte Williams mit einer intensiven und oft fast schmerzenden Eindringlichkeit zur Sprache, die keinen Zuschauer kalt ließ. Es war sein erklärtes Ziel, die Zuschauer mitempfinden, mitleiden zu lassen. Um dies im Theater zu erreichen, waren nach Williams' Überzeugung andere Mittel und Wege notwendig. Eine neue Form des Theaters war nötig, die er *plastic theater* nannte und in der die realistische – und nach Williams' Auffassung oberflächliche – Darstellung überwunden werden sollte. Charakteristisch ist der ausgiebige Einsatz von Musik, Beleuchtung, Farben, Symbolen, Mimik und Gestik. All diese Elemente finden sich in *A Streetcar Named Desire.*

Biografie und literarische Einordnung

Im Zusammenhang mit der Interpretation eines Werkes wird oft die klassische Frage diskutiert, ob es erforderlich oder auch nur zulässig sei, dabei die Biografie des Verfassers heranzuziehen. Natürlich lässt sich das Schaffen eines Künstlers ohne Kenntnis seines Lebenslaufs interpretieren, wie die so genannte werkimmanente Interpretationsmethode zeigt. Im Falle von Tennessee Williams jedoch stehen Leben und Werk in einer besonders engen Beziehung. Williams' bester Freund, der Theatermacher und Regisseur Elia Kazan fasste diese Tatsache so zusammen: "Everything in his life is in his plays, and everything in his plays is in his life."[2] Themen, Motive, Personen und Schauplätze schöpfte er häufig aus seinem eigenen Erleben. Er verarbeitete Probleme seiner Familie – Armut, Alkoholismus, Gewalt – und eigene Obsessionen – Angst vor Schizophrenie und Tod sowie seine Homosexualität. Die handelnden Figuren modellierte er nach Personen, die eine wichtige Rolle in seinem Leben spielten. Daher ist es wichtig, sich mit der Biografie ausführlicher zu beschäftigen, vor allem mit der frühen Kindheit des Autors, die seine Persönlichkeit besonders prägte.

Tennessee Williams kam am 26. März 1911 in Columbus (Mississippi) als zweites Kind von Cornelius Williams und seiner Frau Edwina, geborene Dakin, zur Welt und wurde auf den Namen Thomas Lanier Williams getauft. In den ersten sieben Jahren seines Lebens wuchs er mit seiner älteren Schwester Rose in einem Elternhaus auf, in dem der Vater zumeist durch Abwesenheit glänzte. Cornelius Williams war ein unsteter Charakter, ein Alkoholiker und Spieler, der wenig Interesse für seine Kinder zeigte. Obwohl Williams' Mutter Edwina nicht aus einer aristokratischen Familie, sondern aus dem relativ bescheidenen Haushalt eines Geistlichen stammte, verkörperte sie den Prototyp der *Southern Belle*, d. h. der jungen, gebildeten und attraktiven Frau aus den Südstaaten. Um Alltag und Erziehung kümmerte sich die schwarze Hausangestellte Ozzie. So erlebten die Geschwister, die eine sehr enge Beziehung zueinander entwickelten, eine harmonische Kindheit. Die Großeltern, die Mutter und Ozzie waren ihre wichtigsten Bezugspersonen.

Das Ende dieser insgesamt glücklichen Jahre kam 1918, als der Vater eine Bürostelle in St. Louis bekam und die Familie in den Norden umzog. Damit begann eine Zeit der Entbehrung und Entfremdung. Aus Geldmangel musste die Familie oft umziehen; der Vater verspielte seinen Lohn oder gab ihn für Alkohol aus. Die endlosen Auseinandersetzungen der Eltern und die ständigen Ortswechsel blieben nicht ohne negativen Einfluss auf Tom und Rose. Sie vermissten ihre Heimat und galten wegen ihrer Herkunft als Außenseiter. In der Schule wurde der wenig robuste Tom gehänselt und entdeckte das Schreiben als Zuflucht. Bei Rose machten sich erste Anzeichen einer psychischen Störung bemerkbar. Seine Großeltern ermöglichten Tom den Besuch der Universität von Missouri in Columbia, wo er mit dem Studium der Publizistik begann. Aufgrund schlechter Noten zwang sein Vater ihn aber, eine Stelle in seiner Firma anzunehmen. Er nutzte diese Zeit intensiv zum Schreiben, vernachlässigte aber seine Gesundheit und brach schließlich nach zwei Jahren zusammen. Da sich die finanzielle Lage der Familie besserte, konnte er sich an der Universität von St. Louis für einen Literaturkurs einschreiben und verfasste erste kurze Theaterszenen. In der Familie wuchsen die Probleme, die mit der Geisteskrankheit von Rose zusammenhingen. Ihre Lage verschlechterte sich derartig, dass sie in eine Anstalt eingeliefert werden musste. Eine fehlgeschlagene Operation machte Rose für den Rest ihres Lebens zu einer willenlosen Frau, die einem Kind glich. Dieses Erlebnis stellte einen tiefen Einschnitt im Leben des Autors dar. Insbesondere in *The Glass Menagerie* und *Streetcar*, fanden die traumatischen Ereignisse jener Tage ihren Niederschlag.

In dieser Zeit reifte seine Erkenntnis, dass er sich mehr zum männlichen Geschlecht hingezogen fühlte. Zur damaligen Zeit wurde im puritanischen Amerika Homosexualität nicht nur als Sünde angesehen, sondern auch in nahezu allen Staaten strafrechtlich verfolgt. Diese soziale Ächtung machte Homosexuelle zu Ausgestoßenen, zwang sie zur Heimlichkeit und erzeugte Schuldgefühle. Obwohl Homosexualität in Williams' Werken eine Rolle spielt, machte er dies nicht zum alles überragenden Thema. Nach seiner Zeit an der Universität nahm Williams den Namen „Tennessee", den er von Studienkameraden aufgrund seines Südstaatenakzents bekommen hatte, als Vornamen an.

Einen ersten Erfolg erzielte er 1939 mit seiner Sammlung kurzer Stücke *(American Blues)*, für die er einen Theaterpreis erhielt. Die Chefin einer Theateragentur, Audrey Wood, wurde so auf Williams aufmerksam, unterstützte ihn und verschaffte ihm

1943 eine Anstellung als Drehbuchautor in Hollywood. Er legte mit *The Gentleman Caller* ein eigenes Drehbuch vor, das aber abgelehnt wurde. Williams arbeitete es zu einem Theaterstück um, das er *The Glass Menagerie* nannte. Mit dem Drama, das als bestes Stück des Jahres 1945 ausgezeichnet wurde, gelang ihm der Durchbruch. 1947 schrieb er mit *A Streetcar Named Desire (dt. Endstation Sehnsucht)* seinen zweiten Bühnenhit, für den er den angesehenen Pulitzer-Preis erhielt. Dennoch kehrte keine Ruhe in sein Leben ein. Er litt unter dem Druck, weitere Bestseller schreiben zu müssen. Bei Alkohol und Tabletten suchte er Hilfe, doch seine ohnehin angegriffene Gesundheit verschlechterte sich so nur noch weiter. Ruhelos zog er quer durch die USA oder besuchte Europa. Die Partnerschaft mit Frank Merlo wirkte vorübergehend beruhigend und machte die 50er-Jahre zu seiner fruchtbarsten Schaffensperiode. Es entstanden z. B. die Dramen *27 Waggons Full of Cotton* (1955) – verfilmt als *Baby Doll* (1956) –, *Cat on a Hot Tin Roof* (1955) und *The Night of the Iguana* (1961). Doch als Merlo 1961 an Lungenkrebs starb, stürzte dies Williams in tiefe Depressionen, seine erfolgreiche Zeit als Schriftsteller war zu Ende. Am 24. Februar 1983 starb er geschwächt von Alkohol- und Tablettensucht im New Yorker Hotel Elysée – ein Name mit ironischem Anklang an den Schauplatz „Elysian Fields“ in *A Streetcar Named Desire.*

Williams gehört neben Eugene O'Neill und Arthur Miller zu den bekanntesten amerikanischen Dramatikern des 20. Jahrhunderts. In der Literaturgeschichte gilt er als Vertreter des sinnlich-psychologischen Realismus. Ihm ging es um die Darstellung der Psyche seiner Charaktere, wobei symbolische Elemente, unterstützt durch Musik und Farben in den Vordergrund treten.

Inhaltsangabe

Scene One

Die erste Szene führt den Zuschauer in ein etwas heruntergekommenes, lebhaftes Viertel der Jazz-Metropole New Orleans. Trotz seines Slum-Charakters strahlt das Viertel, in dem Menschen verschiedener ethnischer Gruppen zusammenleben, einen gewissen Reiz aus. Das *Blue Piano*, die in den Jazzlokalen auf dem Blues-Klavier gespielte Musik, ist überall zu hören. In einem zweigeschossigen Eckhaus in der Straße *Elysian Fields* wohnt bei Steve und Eunice Hubbel das junge Ehepaar Stanley und Stella Kowalski zur Miete. Vor dem Haus herrscht emsiges Treiben: Ein Straßenhändler ruft seine Ware aus, ein Matrose erkundigt sich nach dem Weg zu einem Lokal. In Begleitung seines Kumpels Mitch erscheint Stanley, wirft seiner Frau Stella ein blutiges Paket Fleisch zu und verabschiedet sich zum Bowling. Stella will ihm folgen. Blanche DuBois tritt auf und fragt unsicher nach Hausnummer 632, der Wohnung ihrer Schwester Stella. Die Vermieterin Eunice führt Blanche in die Wohnung der Kowalskis. Während eine Frau sich aufmacht, Stella, die zum Bowling gegangen ist, von der Ankunft ihrer Schwester Blanche zu informieren, erfährt der Zuschauer in einem kurzen Gespräch zwischen Eunice und Blanche, dass Blanche Lehrerin ist, aus Mississippi kommt und in einem Landsitz Belle Reve aufgewachsen ist. Eunice hätte gern noch mehr erfahren, doch Blanche möchte sich von der Reise erholen und lieber allein sein. Ermattet sitzt Blanche auf einem Stuhl, lässt den Raum auf sich wirken. Sie erspäht in einem halb geöffneten Wandschrank eine Flasche Whisky. Heimlich gönnt sie sich ein Glas und stellt Flasche und ausgewaschenes Glas wieder zurück.

Stella erscheint, und beide Schwestern umarmen sich herzlich. Blanche ruft: "Stella, oh, Stella, Stella! Stella for Star!" (S. 13, Z. 3) und überfällt ihre Schwester mit einem hektischen Redeschwall, in dem sie mit ihrem äußeren Erscheinungsbild kokettiert. Sie ist entsetzt über die schäbige Behausung, in der Stella lebt. Als Stella ihr Unverständnis für Blanches Kritik äußert, ruft die sich quasi selber zur Ordnung, indem sie das für Stella offensichtlich leidige Thema für beendet erklärt. Ungefragt erklärt Blanche ihren Besuch zu einer Zeit, da sie als Lehrerin normalerweise keine Ferien hat, damit, dass die Schulleitung sie in einen Erholungsurlaub geschickt habe. Obwohl sie eigentlich nicht mehr darüber reden wollte, beklagt Blanche doch wieder die beengten Wohnverhältnisse, in denen Stella lebt. Sie sorgt sich auch um ihre eigene Unterbringung in dem kleinen 2-Zimmer-Apartment. Trotz der räumlichen Enge will Blanche nicht in ein Hotel ziehen, da sie in Stellas Nähe sein möchte.

Die Schwestern kommen auf Stellas Ehemann Stanley, einen polnischen Einwanderer, zu sprechen. Auf die besorgte Frage von Blanche, ob Stanley sie mögen und nicht nur als lästigen Verwandtschaftsbesuch empfangen werde, entgegnet Stella, Stanley sei eben anders als die Männer, mit denen Blanche sonst Umgang habe, und dass sie ihren Mann sehr liebe. Beunruhigt ist Blanche darüber, dass Stanley noch nicht über ihren Besuch informiert wurde. Die wichtigste Nachricht, die Blanche ihrer Schwester eröffnet, ist die Tatsache, dass der Familiensitz Belle Reve trotz aller Anstrengungen aufgrund ständig steigender Ausgaben verloren gegangen sei. Sie, so klagt Blanche, habe sich all dem Elend gestellt, während Stella mit ihrem „Polack" (S. 23, Z. 26) im Bett gelegen habe. Angesichts dieser Anschuldigung bricht Stella in Tränen aus und zieht sich ins Bad zurück. In diesem Augenblick kommt Stanley mit Steve und Mitch vom Bowling zurück und verabredet sich mit seinen Kumpanen zu einer Pokerrunde am nächsten Abend in seiner Wohnung. Als er die

Küche betritt, trifft er auf Blanche, die sich ihm vorstellt. Er erkundigt sich nach Blanches Wohnort (Laurel), ihrem Unterrichtsfach (Englische Literatur) und scheint sich problemlos damit abzufinden, dass Blanche gedenkt, für einige Zeit bei ihnen einzuziehen. Von Stella, so sagt er, habe er auch erfahren, dass Blanche einmal verheiratet gewesen sei. Als er nachfragt, was passiert sei, antwortet Blanche, der Junge, so nennt sie ihren Mann, sei gestorben. Mit den Worten "I'm afraid I'm going to be sick!" (S. 28, Z. 5) fällt sie in Stanleys Arme.

Scene Two

Am nächsten Abend bereiten sich die beiden Schwestern zum Ausgehen vor, da Stanley mit seinen Freunden ungestört Poker spielen will. Während Blanche ein heißes Bad nimmt, mahnt Stella ihren Ehemann, Blanche rücksichtsvoll und freundlich zu begegnen. Außerdem solle er Stellas Schwangerschaft nicht erwähnen. Stella informiert Stanley über den Verlust des Landsitzes Belle Reve, muss aber gestehen, dass sie keine genaueren Informationen hat. Stanley ist misstrauisch. Er verlangt Papiere zu sehen, weil er nach der herrschenden Rechtslage wie seine Ehefrau Erbe ist. Sein Verdacht, um das Erbe betrogen worden zu sein, verstärkt sich angesichts der Kleider und des Schmucks, die er im Koffer seiner Schwägerin findet. Stella versucht ihn zu beschwichtigen, indem sie darauf hinweist, dass Blanche kaum wertvolle Dinge mitgebracht habe. Doch Stanley will genauere Erkundigungen über den Wert dieser Dinge einholen. Stella wird wütend und verlässt das Zimmer – nicht ohne Stanley aufzufordern, sich ebenfalls zurückzuziehen, damit Blanche sich ungestört fertig machen kann. Doch Stanley lässt diese Aufforderung kalt.

Blanche erscheint frisch gebadet und möchte sich anziehen. Sie versucht eine Konversation mit dem recht einsilbig und reserviert reagierenden Stanley. Als sie auf ihr Aussehen anspielt und eigentlich ein Kompliment hören möchte, erwidert er recht uncharmant: “I don’t go in for that stuff.” (S. 37, Z. 10). Blanche erkennt in Stanley einen Mann, der sich von einer Frau nur schwer beeindrucken oder gar verzaubern lässt. Sie schickt Stella unter dem Vorwand, ihr etwas zu trinken zu besorgen, fort und fordert dann Stanley direkt auf, er solle mit der Sprache herausrücken. Stanley möchte die Papiere sehen, die im Zusammenhang mit dem Landsitz Belle Reve stehen. Blanche entgegnet, sie wisse nicht, wo diese seien; alles, was sie besitze, sei in ihrem Koffer. Daraufhin will Stanley den Koffer durchsuchen. Doch Blanche kommt ihm zuvor und öffnet eine Schachtel, in der sie alle ihre Papiere – darunter auch die Liebesbriefe ihres Mannes – aufbewahrt. Stanley entreißt sie ihr, sodass sie zu Boden fallen. Blanche fühlt sich entblößt und im Innersten verletzt. Beim Rest der Papiere, so versichert Blanche, handle es sich um Dokumente zu Belle Reve. Auch hier ist Stanley misstrauisch und will den Rat eines befreundeten Experten einholen. Er begründet sein intensives Interesse mit der Mitteilung an Blanche, dass Stella ein Baby erwarte. Stella kehrt zurück, Blanche gratuliert ihrer Schwester zur Schwangerschaft, und als Stanleys Freunde erscheinen, verlassen beide das Haus.

Scene Three

Stanley spielt mit seinen Freunden immer noch Poker, als Blanche und Stella zurückkehren. Einer der Mitspieler ist Mitch (Harold Mitchell), der sich um seine kranke Mutter sorgt. Bereits auf den ersten Blick erkennt Blanche, dass Mitch anders ist. Die Tatsache, dass Mitch nicht verheiratet ist, verstärkt ihr Interesse. Durch die Unterhaltung der beiden Schwestern fühlt sich der angetrunkene Stanley beim Spiel gestört und wird immer gereizter. Mitch verlässt die Pokerrunde und unterhält sich mit Blanche. Er zeigt ihr die Widmung auf seinem Zigarettenetui, die ihn an eine Romanze mit einem sterbenden Mädchen erinnert. Blanche ist tief gerührt und stellt sich ihm als Lehrerin für englische Literatur vor. Beide verspüren Sympathie füreinander. Als Blanche das Radio anmacht und zu tanzen beginnt, explodiert Stanley und wirft das Radio aus dem Fenster. Stella schreit Stanley voller Wut an: *"Drunk – drunk – animal thing, you!"* (S. 58, Z. 16), worauf dieser vollkommen die Kontrolle verliert und Stella schlägt. Beinahe hysterisch will Blanche sich und ihre Schwester oben bei Eunice in Sicherheit bringen. Inzwischen versuchen die Pokerfreunde den rasenden Stanley zu bändigen. Als dieser wieder zur Besinnung kommt und erkennt, was er getan hat, bricht er in Tränen aus und ruft nach Stella. Diese erscheint, kehrt langsam zu Stanley zurück, und das Paar umarmt sich leidenschaftlich. Blanche ist entsetzt, sie kann Stellas Verhalten nicht verstehen und sucht Trost bei Mitch, mit dem sie sich auf die Treppe vor dem Haus setzt.

Scene Four

Am nächsten Morgen liegt Stella heiter und entspannt im Schlafzimmer der kleinen Wohnung, als Blanche, die offensichtlich eine schlaflose Nacht hinter sich hat, erscheint. Sie kann nicht begreifen, dass Stella nach allem, was vorgefallen ist, zu Stanley zurückgekehrt ist und offenbar mit ihm geschlafen hat. Während Blanche sie drängt, den Vorfall zum Anlass zu nehmen, die Verbindung mit Stanley zu überdenken und sich von ihm zu trennen, versucht Stella ihre Schwester zu beruhigen. Sie spielt Stanleys Ausraster herunter und entschuldigt ihn. Doch Blanche kann sich nicht beruhigen. Stella solle endlich begreifen, dass sie mit einem Wahnsinnigen verheiratet sei und sich aus seinen Armen befreien müsse. Doch Stella sieht ihre Situation völlig anders: "I'm not in anything I want to get out of." (S. 67, Z. 14 f.). Blanche will dies einfach nicht zur Kenntnis nehmen und erträumt für sich und Stella ein neues Leben, wenn sie nur zu Geld kommen könnten. Dafür setzt sie ihre Hoffnung auf einen gewissen Shep Huntleigh, den sie in ihrer Collegezeit kennengelernt hatte und der inzwischen Ölmillionär ist. Sehr beeindruckt ist Blanche von der Luxuslimousine, in der sie ihn kürzlich gesehen hat. Blanche verzweifelt beinahe an ihrer finanziellen Notlage und am damit verbundenen Verlust von Unabhängigkeit. Für Stella ist es dagegen durchaus ausreichend, dass ihr Ehemann für sie sorgt. Blanche lässt nicht locker und versucht, ihrer Schwester mit drastischen Worten die Situation, in der sich Stella ihrer Meinung nach befindet, klarzumachen. Sie hält ihr die Primitivität und Brutalität Stanleys vor Augen, vergleicht ihn mit einem Tier und nennt ihn „survivor of the stone age" (S. 74, Z. 20). Als Blanche sich immer mehr in Rage redet über Stanleys Banausentum, kommt dieser von der Arbeit nach Hause und verfolgt – ohne dass die Frauen ihn bemerken – Blanches Ausbruch. Erst gegen Ende der Szene tritt Stanley auf und grüßt grinsend, als ob nichts geschehen sei.

Scene Five

Blanche liest Stella einen Brief vor, den sie an den Ölmillionär Huntleigh senden will und in dem sie ihren Besuch ankündigt. Von oben hört man einen heftigen Streit zwischen Eunice und Steve. Blanche und Stanley unterhalten sich über ihre Sternzeichen. Als Blanche sagt, sie sei Jungfrau, bricht Stanley in schallendes Gelächter aus. Er erkundigt sich, ob Blanche einen gewissen Shaw und das Hotel Flamingo in Laurel kenne. Blanche verneint, in einem solchen Etablissement verkehre sie nicht. Doch Stanley deutet an, dass er der Sache nachgehen wolle. Nach Stanleys Abgang scheint Blanche von Panik ergriffen zu sein; sie fragt ihre Schwester besorgt, welche Gerüchte Stella über sie gehört habe. Sie befürchtet, dass schlecht über sie geredet worden sei, da sie sich nicht besonders gut verhalten habe. Sie habe bei Männern Schutz gesucht. Um sich zu beruhigen, bittet sie ihre Schwester Stella um einen Drink. Außerdem ist sie nervös, da sie Mitch erwartet, mit dem sie verabredet ist. Sie gesteht Stella, wie wichtig ihr Mitch inzwischen geworden sei. Einerseits möchte sie sich von ihm erobern lassen, andererseits will sie ihn auf keinen Fall verlieren, insbesondere, da sie befürchtet, in ihrem Alter keine großen Chancen mehr bei Männern zu haben. Sie will unbedingt, dass Mitch den guten Eindruck, den er offensichtlich von ihr hat, weiter behält und offenbart Stella ihre Taktik: "What I mean is – he thinks I'm sort of – prim and proper, you know! I want to deceive him enough to make him – want me [...]" (S. 86, Z. 2 ff.). Blanche erklärt ganz offen, dass sie Mitch so dringend brauche, weil sie sich nach Ruhe sehne. Stella schließt sich Stanley und seinen Freunden zum Bowling an und lässt Blanche allein im Haus zurück, nicht ohne sie zu ermahnen, nichts mehr zu trinken. Als Blanche allein ist, erscheint ein junger Mann, der für Zeitungsabonnements wirbt. Blanche flirtet mit ihm, in einem Versuch ihre weibliche Attraktivität noch einmal zu testen. Doch sie kommt zur Besinnung, ruft sich zur Ordnung und verabschiedet den verwirrten jungen Mann mit den Worten: "Now run along, now, quickly! It would be nice to keep you, but I've got to be good – and keep my hands off children." (S. 89, Z. 20 ff.). Kaum ist der Zeitungsjunge verschwunden, erscheint Mitch, um Blanche abzuholen. Sie begrüßt ihn überschwänglich.

Scene Six

In derselben Nacht gegen 2 Uhr kehren Blanche und Mitch zurück. Der gemeinsame Abend scheint nicht sehr erfolgreich verlaufen zu sein. Beide geben sich selbst dafür die Schuld. Etwas verlegen und unsicher, da Blanche ihn am Abend bei einer anderen Gelegenheit abwies, fragt Mitch, ob er Blanche einen Gutenachtkuss geben dürfe. Sie erklärt ihre vorige Zurückhaltung damit, dass sie als unverheiratete junge Frau auf ihren Ruf achten müsse. Doch dann lädt sie Mitch zu einem Drink in die Wohnung ein. Auf Französisch, eine Sprache, die der einfache Mitch nicht versteht, macht sie ihm in spielerischer Art ein freizügiges Angebot: «*Voulez-vous couchez avec moi ce soir?*» (S. 95, Z. 4). Mitch macht unbeholfen Konversation. Das Paar kommt sich körperlich näher, als Mitch Blanche in die Luft hebt, um ihr Gewicht zu prüfen. Doch er versichert sogleich, er werde die Grenzen der Schicklichkeit nicht überschreiten. Blanche weiß dies zu schätzen und gesteht, dass sie altmodische Ideale verfolge. Sie möchte von Mitch erfahren, was Stanley über sie erzählt und macht durch ihre Nachfragen deutlich, dass ihr Verhältnis zu Stanley problematisch ist. Sie befinde sich zudem aufgrund ihrer beschränkten finanziellen Möglichkeiten in einer misslichen Lage. Sie müsse hier ausharren, da sie sich keinen anderen Zufluchtsort leisten könne. Sie erzählt Mitch von ihrer Ehe mit einem jungen Mann, von dessen homosexueller Neigung sie zunächst nichts wusste, von der sie dann aber auf schockierende Weise erfahren musste, als sie ihn in flagranti mit einem Mann ertappte. Weil sie ihn bloßgestellt und ihm Vorwürfe gemacht habe, habe der Junge sich erschossen. Sie leidet unter dieser Schuld. Mitch erkennt, dass Blanche, genau wie er selbst, jemanden braucht. Auch er hat Angst, nach dem Tod seiner kranken Mutter allein zu sein. Daher fragt er Blanche: "Could it be – you and me, Blanche?" (S. 104, Z. 9 f.), worauf diese wie erlöst in seine Arme sinkt.

Scene Seven

Die Szene spielt einige Monate später, Mitte September. Es ist Blanches Geburtstag und Stella bereitet den Tisch für die kleine Feier vor, zu der auch Mitch erwartet wird. Während Blanche badet, berichtet Stanley Stella von seinen Nachforschungen über Blanche und ihre Vergangenheit. Er hat den Beweis, dass diese sie mehrfach belogen hat. Zunächst einmal sei Blanche nicht so unschuldig, wie sie immer tue. Nachdem sie Belle Reve durchgebracht habe, sei sie in das wenig respektable Hotel Flamingo gezogen, das sie aber wegen ihrer zahlreichen Männerbesuche habe verlassen müssen. Außerdem sei sie aufgrund ihres unmoralischen Lebenswandels – sie ließ sich mit Soldaten eines Armeecamps in der Nähe von Laurel ein – der Stadt verwiesen worden. Weiterhin habe Blanche nicht, wie sie behauptet, Erholungsurlaub von der Schule erhalten, sondern sei entlassen worden, weil sie einen Schüler verführt habe. Stella ist schockiert, doch sie weigert sich, Stanley zu glauben. Sie sagt, Blanche sei schon immer etwas schwierig und flatterhaft gewesen und versucht, um Verständnis für sie zu werben. Sie weist auf Blanches tragische Ehe mit einem Homosexuellen hin: "This beautiful and talented young man was a degenerate *[Entarteter]*." (S. 112, Z. 12 f.). Zu ihrem Entsetzen erfährt Stella, dass Stanley seinen Freund Mitch schon über Blanche informiert hat, und dass dieser nicht zur Geburtstagsfeier erscheinen werde. Stella macht ihrem Mann klar, dass er damit ihre und Blanches Hoffnung auf eine Verbindung mit Mitch zerstört. Als Stella ihn fragt, was ihre Schwester nun machen solle, erwidert Stanley, er habe bereits ein Busticket für Blanche gekauft. Er will sie vor die vollendete Tatsache stellen, sie werde am nächsten Dienstag abreisen. Stella ist wie vor den Kopf gestoßen und sorgt sich um ihre Schwester. Da erscheint Blanche aus dem Bad, erfrischt und voller Lebensmut. Ihre positive Stimmung verfliegt im Nu, als sie spürt, dass etwas vorgefallen ist. Besorgt fragt sie nach, doch Stella weicht aus. Sie flüchtet sich in die Notlüge, es sei nichts geschehen.

Scene Eight

Eine Viertelstunde später sitzen Blanche, Stella und Stanley in gedrückter Stimmung beim Geburtstagsessen. Der vierte, für Mitch reservierte Stuhl am Tisch bleibt leer. Blanche will für etwas Aufheiterung sorgen und fordert Stanley auf, einen Witz zu erzählen. Da dieser versichert, er kenne keinen, der Blanches kultiviertem Geschmack entsprechen würde, gibt Blanche selbst eine Geschichte zum Besten, die Stanley aber nicht lustig findet. Als Stella Stanley auch noch wegen seiner Tischmanieren kritisiert, platzt ihm der Kragen. Er wirft seinen Teller zu Boden, packt Stella und herrscht sie und Blanche an, ihn nicht ständig als ungebildeten, vulgären Polacken zu beschimpfen. Damit stürmt er aus dem Zimmer. Als die beiden Schwestern allein sind, will Blanche von Stella wissen, was Stanley ihr erzählt hat. Sie vermutet, dass Stella weiß, warum Mitch nicht gekommen ist. Da Stella aber einer Antwort ausweicht, will Blanche sich durch einen Anruf bei Mitch selbst Gewissheit verschaffen. Mitch ist aber nicht erreichbar. Währenddessen geht Stella nach draußen auf die Veranda zu Stanley, der seine Frau beschwört, dass sich ihr Verhältnis wieder bessern werde, sobald Blanche weg sei. Wenig später kommt es zur erneuten Auseinandersetzung, da Blanche Stanley als „healthy Polack“ (S. 121, Z. 8) bezeichnet. Schließlich überreicht Stanley ihr mit falscher Liebenswürdigkeit sein Geburtstagsgeschenk: das Ticket nach Laurel. Blanche verlässt fassungslos den Raum. Stella macht Stanley wegen seines grausamen Verhaltens Vorwürfe. Männer wie er seien für den Wandel in der Persönlichkeit von Blanche verantwortlich. Stanley will sie an ihre Anfänge als Liebespaar erinnern, an ihr Glück, bevor Blanche auftauchte. Während er das tut, merkt er, wie Stella sich plötzlich verändert und nur noch "Take me to the hospital." (S. 124, Z. 7) herausbringt. Die Wehen setzen ein und die Geburt des Babys steht bevor.

Scene Nine

Einige Zeit später, während Stanley Stella ins Krankenhaus bringt, sitzt Blanche allein in der Wohnung und trinkt. Mitch erscheint – unrasiert, in Arbeitskleidung – und Blanche sucht fieberhaft nach einem Versteck für die Whiskyflasche, um einen guten Eindruck zu machen. Sie begrüßt Mitch mit einem langen

Redeschwall, in dem sie ihn tadelnd an sein ungehöriges Benehmen vom Abend erinnert. Doch, so sagt sie gönnerhaft, sie wolle gnädig darüber hinwegsehen. Ebenso wolle sie ihm sein ungepflegtes Äußeres verzeihen. Als die Melodie der „Varsouviana“ erklingt, steigen quälende Erinnerungen an ihren Ehemann Allan in ihr auf. Um sich zu beruhigen, sucht sie nach Alkohol. Mitch stellt vorwurfsvoll fest, dass Blanche immer nur abends mit ihm ausgehen wollte und er sie also nie bei Tageslicht gesehen habe. Um Blanche nun deutlicher zu sehen, reißt er den Lampenschirm, den er bei ihrer ersten Begegnung angebracht hatte, herunter. Doch die verängstigte Blanche fürchtet sich und beschwört ihn, nicht das Licht einzuschalten. Mitch tut dies dennoch, schaltet es aber wieder aus. Er wirft Blanche vor, ihn über ihr Alter belogen zu haben. Er empfindet diese Lüge allerdings weniger schlimm als die Informationen, die er über ihren unmoralischen Lebenswandel erhalten habe. Blanche gibt dies schließlich offen zu und versucht ihr Verhalten damit zu erklären, dass sie immer auf der Suche nach Schutz war. Nun habe sie gehofft, diesen bei Mitch zu finden. Diese Erklärungen akzeptiert Mitch aber nicht. Auch als Blanche in letzter Verzweiflung an ihn appelliert, sie zu heiraten, lässt er sie fallen und weist sie kalt zurück: “You’re not clean enough to bring in the house with my mother.” (S. 134, Z. 18 f.). Darauf verweist Blanche ihn des Hauses und schreit hysterisch „Fire! Fire! Fire!“ (S. 134, Z. 27).

Scene Ten

Die Szene spielt einige Stunden später. Blanche hat weiter getrunken und probiert Kleidungsstücke an. Vor dem Spiegel prüft sie ihre Ausstrahlung und Wirkung auf eine Gruppe imaginärer Bewunderer. Als sie sich im Handspiegel genauer betrachtet, fängt sie an zu zittern und zerbricht den Spiegel. In diesem Moment erscheint Stanley, um zu Hause auf die Geburt des Babys zu warten. Auch er hat weiter getrunken. Blanche erkundigt sich nach Stella und Stanley antwortet ihr, Stella gehe es gut; man habe ihm aber geraten, erst einmal nach Hause zu gehen. Ein erster bedrohlicher Unterton ist vernehmbar, als Blanche fragt, ob sie beide nun alleine in der Wohnung blieben. Sie berichtet, sie habe ein Telegramm von Shep Huntleigh erhalten, der sie zu einer Kreuzfahrt in der Karibik einlade. Stanley meint, angesichts ihrer Einladung und der bevorstehenden Geburt seines Kindes, sei dies wohl ein besonderer Abend, den er gerne mit ihr feiern wolle. Blanche reagiert zurückhaltend. Sie freue sich darauf, endlich mehr Privatsphäre zu haben, worauf Stanley anzüglich bemerkt, damit werde es wohl in Begleitung des Millionärs nicht so weit her sein. Doch Blanche verteidigt sich und die Schicklichkeit ihres Verhältnisses zu Huntleigh. Sie sei eine kultivierte Dame, die mit ihrer geistigen Bildung und Herzenswärme das Leben eines Mannes bereichern könne. Dass sie jetzt so mittellos dastehe, sei auf ihre eigene Torheit zurückzuführen. Sie bedauert, sich unter Wert verkauft zu haben an Männer, die ihren tatsächlichen Wert nicht zu schätzen wussten. Dazu zähle sie nicht nur Stanley, sondern auch Mitch, dem sie die „Entlassungspapiere" („walking papers", S. 141, Z. 21 f.) gegeben habe. Er sei mit Rosen zurückgekommen, habe sie um Vergebung gebeten, doch sie habe ihn abgewiesen. Stanley jedoch schenkt ihr keinen Glauben und sagt ihr auf den Kopf zu, dass es weder einen Millionär gebe, noch Rosen von Mitch. Alles, was Blanche sage, sei ihrer Fantasie entsprungen; alles sei gelogen, getrickst, und auch ihr Äußeres sei nur billige Aufmachung. Sie habe ihn nie hinters Licht führen können, von Anfang an sei er ihr auf die Schliche gekommen. In ihrer Verzweiflung versucht Blanche vergeblich, Huntleigh anzurufen. Sie sucht Hilfe, da sie sich in einer Falle glaubt. Währenddessen sieht der Zuschauer schemenhaft im Hintergrund den Kampf zwischen einem Freier und einer Prostituierten auf der Straße, der erst durch das Eingreifen der Polizei gestoppt wird. Stanley erscheint aus dem Bad im Seidenpyjama, geht grinsend und bedrohlich auf Blanche zu, die, um sich zu verteidigen, eine Flasche zerschlägt und den abgebrochenen Hals als Waffe gegen Stanley richtet. Der nimmt dies zum Anlass, rabiat zu werden. Blanche lässt die Flasche fallen und sinkt auf die Knie. Stanley hebt die Leblose auf und legt sie aufs Bett, wo er sie, wie zu vermuten ist, vergewaltigt.

Scene Eleven

Die letzte Szene spielt einige Wochen später. Das Baby ist inzwischen geboren. In der Küche ist wieder Stanleys Pokerrunde versammelt. Nebenan packt Stella die Sachen von Blanche, die gerade wieder ein Bad nimmt. Im Gespräch zwischen Stella und Eunice wird deutlich, dass Stella inzwischen einen Platz für Blanche in einem Heim für psychisch Kranke organisiert hat. Allerdings zweifelt sie an ihrer Entscheidung. Sie habe Blanches Geschichte von ihrer Vergewaltigung einfach nicht glauben können. Eunice bestärkt Stella, dass sie richtig gehandelt habe. Blanche lebt im Glauben, sie werde mit Shep Huntleigh eine Reise aufs Land unternehmen. Wie immer ist sie besorgt um ihr Aussehen und gibt Stella Anweisungen, wie ihre Kleider hergerichtet werden sollen. Außerdem bittet sie darum, die Vorhänge zu schließen, bevor sie aus dem Bad kommt. Sie erscheint und fragt nach Huntleigh. Als Mitch sie hört, lässt er seine Karten sinken und verfällt in eine teilnahmslose Haltung. Blanche hört, wie Stanley Mitch aufmuntern will und gerät in Panik. Da sie es aber nicht fertigbringt, nach draußen zu gehen – sie müsste dafür an den Männern in der Küche vorbei –, wartet sie weiter im Schlafzimmer mit Stella und Eunice, bis sie abgeholt wird.

Der Nervenarzt und die Oberschwester klingeln an der Haustür, um Blanche abzuholen. Nachdem sie noch einmal ihr Aussehen überprüft hat, geht sie an den Männern vorbei. Mitch kann Blanche nicht ansehen, er starrt betreten auf den Tisch. Als Blanche enttäuscht feststellt, dass es sich bei dem Abholer nicht um ihren Millionärsfreund handelt, will sie in das Apartment zurückkehren, doch Stanley stellt sich ihr in den Weg. Der Arzt weist die Krankenschwester an, Blanche herauszuholen. Stanley reißt den Lampenschirm herunter, den Blanche einst anbringen ließ, und versetzt diese damit in äußerste Erregung. Sie schreit auf und versucht sich dem Zugriff der Oberschwester zu entziehen. Stella kann nicht mit ansehen, wie Blanche leidet und macht sich Vorwürfe. Eunice versucht vergeblich Stella zu trösten. Es kommt zur Konfrontation zwischen Mitch und Stanley, als Mitch aus seiner Lethargie erwacht und Stanley für Blanches Zustand verantwortlich macht. Er schlägt Stanley, worauf die Pokerspieler den wütenden Mitch überwältigen, der schließlich weinend zusammenbricht. Inzwischen ist es der Krankenschwester gelungen, Blanche in den Griff zu bekommen. Blanche ist auf den Knien, als der Arzt sich ihr behutsam nähert und sie mit sanfter Stimme anspricht. Sie beruhigt sich, der Arzt stützt sie und führt sie nach draußen. Sie hält sich an ihm fest und geht ab mit den Worten: "Whoever you are – I have always depended on the kindness of strangers." (S. 159, Z. 11 f.). Die untröstliche Stella, die auf der Veranda Blanches Abgang verfolgt, ruft mehrfach den Namen ihrer Schwester. Während die Männer ihr Kartenspiel wieder aufnehmen, nähert sich Stanley seiner schluchzenden Frau und versucht sie zu beruhigen. Er kniet sich neben sie und berührt sie zärtlich.

Textanalyse und Interpretation

1 Personenkonstellation und Charakterisierungen

Blanche

Die weibliche Hauptfigur des Stücks, ist zweifellos der komplexeste Charakter des Dramas. Sie vereint viele **widersprüchliche Eigenschaften** und Verhaltensweisen in sich, die sich einer eindeutigen Beurteilung entziehen. Man kann sie weder als alberne, dumme Prostituierte („simpering witless prostitute“[3]) verurteilen, die dem Alkohol verfallen ist, noch als unschuldiges Opfer der Verhältnisse und unumstrittene moralische Siegerin („undisputed moral victor“[4]) glorifizieren. Blanche besitzt Charakteristika, die beide Einschätzungen ermöglichen. Einerseits ist sie zart, sensibel, romantisch und gebildet, anderseits aber auch verlogen, eingebildet und sittlich verwahrlost.

Blanche ist Lehrerin für englische Literatur, ungefähr 30 Jahre alt und damit fünf Jahre älter als ihre Schwester Stella, zu der sie sich nach New Orleans flüchtet. Die Regieanweisungen zum ersten Auftritt sind sehr genau: elegantes weißes Kostüm, weiße Handschuhe, weißer Hut (vgl. S. 8 f.). Bereits die Art der Bekleidung macht deutlich, dass Blanche eine Außenseiterin ist, die eigentlich überhaupt nicht in das laute und umtriebige Viertel passt: “Her appearance is incongruous *[unvereinbar]* to this setting.” (S. 8, Z. 26). Für ihr vorsichtig tastendes, unsicheres Auftreten verwendet Williams das Bild einer **Motte**, die das Licht umschwirrt, es aber zugleich meiden muss, um nicht zu verbrennen: “There is something about her uncertain manner, as well as her white clothes, that suggest a moth.” (S. 9, Z. 5). Nicht von ungefähr war *The Moth* auch ein Titel, den Williams ursprünglich in Erwägung zog. Bereits in den ersten Szenen wird ihr zwiespältiger Charakter angedeutet, der im Laufe der Handlung immer mehr entfaltet wird und beim Zuschauer sowohl Ablehnung als auch Mitgefühl weckt. Gleich zu Beginn steht Blanche unter starker nervlicher Anspannung, daher schickt sie auch relativ kurz angebunden die hilfsbereite Eunice weg, um allein zu sein und etwas zur Ruhe zu kommen. Dies gelingt ihr nur mithilfe von Alkohol. Sie sucht danach, wird fündig, bedient sich, und verwischt sorgfältig alle Spuren. Ihrer Schwester Stella gegenüber tut sie dann so, als wüsste sie nicht, dass Alkohol im Haus ist. Sie lügt in Bezug auf ihr Erscheinen und verheimlicht Stella, dass man sie entlassen und aus der Stadt gejagt hat. Sie hat ein Bild von sich, das sie bewahren möchte, das aber mit der Wirklichkeit nicht übereinstimmt: "I don't tell truth. I tell what *ought* to be truth." (S. 130, Z. 10 f.), sagt sie in nüchterner Einschätzung von sich. Blanche verlangt nicht nach Realismus, sie sucht „magic" (S. 83, Z. 8); d. h. sie schafft sich eine eigene Welt aus Poesie, Schönheit und Liebe. Doch diese Welt gibt es nur in ihrer eigenen Vorstellung.

Blanches Widersprüchlichkeit zeigt sich auch in ihrem Lebenswandel. Sie ist kultivierte Lehrerin und Prostituierte in einer Person. Ihr unmoralisches Verhalten steht in krassem Gegensatz zu dem moralischen Anspruch, den sie z. B. Mitch gegenüber erhebt. Vom Direktor der Schule wurde sie als „morally unfit for her position" (S. 131, Z. 22 f.) bezeichnet, weil sie einen 17-Jährigen aus ihrer Klasse verführte. Doch vor Mitch spielt sie die tugendhafte Dame und belügt ihn.

Auch in ihrer äußeren Erscheinung offenbart sich der **Widerspruch zwischen Schein und Sein**, zwischen Anspruch und Realität. Blanche ist attraktiv und von zarter Schönheit (vgl. S. 9, Z. 4), deren sie sich durchaus bewusst ist und die sie einsetzt, um Männer zu beeindrucken. Sie kokettiert mit ihrem Äußeren, bezeichnet sich Mitch gegenüber als „old maid schoolteacher“ (S. 56, Z. 21 f.), erwartet aber in Wirklichkeit Komplimente für ihr Aussehen. Schon beim ersten Zusammentreffen mit ihrer Schwester beschwört sie diese: “But don’t you look at me, Stella, no, no, no, not until later, not until I have bathed and rested!” (S. 13, Z. 7 ff.). Sie nennt dies selbst „fishing a for compliment“ (vgl. S. 37, Z. 9). Diese Sehnsucht nach Komplimenten ist charakteristisch für Menschen, die ein sehr geringes Selbstwertgefühl haben und daher auf Anerkennung von außen angewiesen sind. Ihre Ausstrahlung und ihre Weiblichkeit sind ihr Kapital. Daher legt sie sehr viel Wert auf äußere Erscheinung. Wie eine strenge Mutter kritisiert sie Stellas Figur (“you’ve put on some weight”, S. 16, Z. 18 f.). Stolz verweist sie auf ihre eigene Figur, und betont, sie habe in den letzten zehn Jahren kein Gramm zugenommen. Blanche badet ständig, um ihre Nerven zu beruhigen und sich zurecht zu machen. Die Utensilien für ihre auffällige Aufmachung transportiert sie in ihrem Koffer: eine Federboa, Pelze, Perlenketten, Armbänder und eine mit Diamanten besetzte Tiara. Blanche würde sich gern extravagant kleiden, doch da ihr seit dem Verlust des Familienbesitzes die finanziellen Mittel für teure modische Kleider und echten Schmuck fehlen, muss sie sich mit billigen Imitaten zufrieden geben. Wie ihre Kleider und ihr Schmuck, die Stanley in seiner Naivität für teure Stücke hält, in Wahrheit nur billige Reproduktionen sind, so ist sie in Wahrheit nicht die schöne, feinsinnige Südstaatendame der besseren Gesellschaft, sondern eine in die Jahre gekommene Alkoholikerin mit zweifelhafter Vergangenheit.

Um Blanche DuBois gerecht zu werden und ihr Verhalten zu verstehen, ist es nötig, sich mit ihrer Vergangenheit zu beschäftigen. Sie wuchs in einer begüterten **Südstaatenfamilie** auf, deren finanzielle Grundlage, der Familienbesitz Belle Reve, verloren ging und der es nicht gelungen ist, den Verlust zu kompensieren und sich eine neue wirtschaftliche Grundlage zu schaffen. Anders als Stella, die sich in ihrer realistischen Art den veränderten Verhältnissen anpasste und ihren Platz fand, blieb Blanche in der Vergangenheit verhaftet. Noch entscheidender jedoch als der Untergang der aristokratischen Welt traf Blanche der Verlust ihres jungen homosexuellen Ehemannes Allan Grey. Für dessen Selbstmord fühlt sie sich verantwortlich, da sie kein Verständnis für ihn aufbrachte, sondern ihn erniedrigte und bloßstellte. Die lang anhaltende Trauer um „the boy“ (z. B. S. 28, Z. 4), wie sie ihn nennt, zeigt sie als sensible Person, die unter diesem Verlust beinahe zerbricht. Nach Allans Selbstmord tut sich eine Leere in ihr auf, die sie mit häufig wechselnden Beziehungen und Sexualkontakten zu füllen sucht. Ruhelos zieht sie umher, ohne Orientierung und wartet immer auf Hilfe von außen. Wie ihre letzten Worte im Stück deutlich machen, ist sie abhängig von der Zuneigung und Freundlichkeit von Fremden (vgl. S. 159, Z. 11 ff.). Dabei erlebt sie zahlreiche Enttäuschungen, die noch tiefere Wunden in ihr schlagen und gegen die sie sich zumeist vergeblich zu schützen sucht. Alkohol wird ihr ständiger Begleiter in ihrer Welt, die nur noch aus Fassade besteht und auf Lügen aufgebaut ist.

Blanche verkörpert die „**Faded Southern Belle**“, die in die Jahre gekommene Schönheit aus den Südstaaten. Sie hat in ihrem Leben eine Phase erreicht, in der ihre weibliche Attraktivität schwindet und sie immer größere Anstrengungen unternehmen muss, den äußeren Schein zu wahren. Dies ist für sie nur schwer zu verkraften und so hält sie sich auch am liebsten im Halbdunkel auf und meidet das offene, helle Licht. Mitch und – auf noch brutalere Weise – Stanley zerreißen den Schleier, mit dem sie sich umgibt. Dennoch scheint es, dass Blanche trotz all ihrer Lügen und ihres anstößigen Lebenswandels am Ende des Stückes ihre Würde auch nach der Vergewaltigung bewahren kann.

The ending, when she displays grace in her fall, is a classical tragic triumph of the essentially noble hero.[5]

Mit großer Geste lässt sie sich vom Nervenarzt in eine Welt geleiten, in der sie mehr Schutz finden kann als in der feindseligen Welt, in der Menschen vom Typ Stanley Kowalskis den Ton angeben. Insgesamt kann man Blanche DuBois als **tragische Figur** bezeichnen. Denn ihr Untergang wird nicht von außen, d. h. von Stanley, herbeigeführt, sondern von Blanche selbst aufgrund ihrer charakterlichen Fehler. Das mangelnde Verständnis für ihren Ehemann, ihre Selbstsucht und Eitelkeit sowie ihr Selbstbetrug sind ihr *tragic flaw* und damit letztlich die Ursache der Katastrophe.

Stella

Die 25-jährige Stella ist die jüngere Schwester von Blanche, obwohl Blanche, um sich jünger zu machen, sie Mitch gegenüber als die um ein Jahr Ältere ausgibt (vgl. S. 56, Z. 3). Im Unterschied zu Blanche verließ Stella Belle Reve früh und fügte sich an der Seite ihres Ehemannes Stanley in ein „normales", wenig spektakuläres Leben und ist zufrieden mit ihrer Rolle als Ehefrau und Mutter. Im Unterschied zu Blanche träumt sie sich nicht in eine illusionäre Welt, sondern **steht mit beiden Beinen fest auf der Erde**. Anerkennung, Besitz und Reichtum bedeuten ihr wenig, die Beschränktheit und Armseligkeit ihrer kleinen Wohnung nimmt sie im Unterschied zu Blanche klaglos hin. Auch über den Verlust des Familiensitzes, von dem Blanche ihr berichtet, macht sie sich daher – anders als Stanley – keine großen Gedanken. Stella begegnet ihrer älteren Schwester mit großem **Einfühlungsvermögen** und erträgt deren Kritik ohne Widerworte. Blanche wirft ihr z. B. vor, sie im Stich gelassen und sich nicht um Belle Reve gekümmert zu haben: "Where were you. In bed with your – Polack!" (S. 23, Z. 25 f.). Stella bemüht sich, jeglichem Streit mit ihrer Schwester aus dem Weg zu gehen. Sie kommt Blanche entgegen, schmeichelt ihr, verheimlicht ihr unbequeme Wahrheiten, um sie nicht zu verletzen. Das große Verständnis, das sie für Blanche aufbringt, führt sie dazu, nach Schutz für die zarte und verletzliche Schwester zu suchen. Sie organisiert deren Einweisung in eine Nervenklinik, zweifelt allerdings bis zuletzt an dieser Entscheidung.

Stella hat ein besonderes Verhältnis zu ihrem Mann. Sie liebt ihn trotz und vielleicht auch gerade wegen seiner direkten, oft groben, aber ursprünglichen Art. Beide verbindet eine **intensive sexuelle Leidenschaft**, die Stella so weit bringt, die Grobheit und Gewalt, die sie von Seiten Stanleys erleiden muss, hinzunehmen und immer wieder zu entschuldigen. Als Stanley sie schlägt, folgt sie nicht dem Rat der entsetzten Blanche, Stanley endlich zu verlassen, sondern verzeiht ihm seinen Fehler. Auch die Vergewaltigung Blanches will Stella nicht wahrhaben. Sie muss sie auch leugnen, um sich eine weitere gemeinsame Zukunft mit Stanley zu ermöglichen. “I couldn’t believe her story and go on living with Stanley.” (S. 149, Z. 15 f.). Ihre Zerrissenheit zwischen der Liebe zu ihrer Schwester einerseits und der Liebe zu ihrem Mann andererseits wird in der letzten Szene des Stückes offensichtlich. Als Blanche abgeführt wird, ist Stella am Boden zerstört. Stanley berührt sie sanft und tröstet sie. Es zeigt sich, dass die sexuelle Beziehung, die beide aneinander kettet, so stark ist, dass Stella schließlich bei ihrem Ehemann bleibt. Der Autor wollte in der Person von Stella zeigen, dass durch die sexuelle Bindung zwischen Ehepartnern Zärtlichkeit und Mitgefühl entstehen können, die das menschliche Leben erträglich machen. Bei Stanley findet Stella die Erfüllung, die Blanche ihr ganzes Leben lang vergeblich suchte.

Diese Sichtweise war im Jahre 1951 für die Produzenten der Verfilmung von *A Streetcar Named Desire* zu revolutionär und daher änderten sie den Schluss des Stückes: Stella verlässt Stanley. Die Filmfassung erfüllt die Erwartung des puritanischen Publikums der 50er-Jahre, das nach einer Bestrafung des Vergewaltigers verlangte.

Stanley

Stellas Ehemann Stanley Kowalski ist zwischen 28 und 30 Jahre alt, mittelgroß, von kräftiger Statur („strongly, compactly built", S. 25, Z. 9). Er ist der **lebensbejahende**, laute, selbstbewusste, aufstrebende Einwanderer in der Neuen Welt, der sich durch seinen Fleiß und seine Ausdauer im Konkurrenzkampf behauptet. Gleich zu Beginn des Stücks erscheint er wie ein Jäger aus der Urzeit, als er ein Stück Fleisch nach Hause bringt, das er seiner Frau Stella zur Zubereitung zuwirft. Stanley ist der „gaudy seed-bearer" (S. 25, Z. 20), die Verkörperung des Machos, dessen Interessen sich auf gutes Essen und Trinken, Spielen, Autos und Sex beschränken. Frauen sind für ihn zuerst Sexualobjekte, die er mit einem sicheren Blick einzuschätzen weiß. In eng anliegenden, oft nassen T-Shirts stellt er seine körperliche Stärke und Männlichkeit zur Schau. Tennessee Williams beschreibt ihn in den Regieanweisungen als „richly feathered male bird among hens" (S. 25, Z. 14f.). Immer wenn er auf der Bühne erscheint, steht er im Mittelpunkt. Mit seiner lauten Stimme und seinen groben Ausdrücken beherrscht er seinen Freundeskreis und auch seine Frau. Stanley lässt keinerlei Kritik gelten, und seine **Machtstellung** wird von niemandem in Frage gestellt. Alle um ihn herum, seine Arbeitskollegen und Pokerkumpane, Stella und die Nachbarn akzeptieren sein grobschlächtiges Verhalten. Doch der Grobian hat auch eine weiche Seite: unter der rauen Schale erkennt man seine tiefe Zuneigung, seine intensive Bindung an Stella, die auf ihrer sexuell glücklichen Beziehung basiert. Er jault und brüllt wie ein verletztes Tier, als Stella ihn nach seinem Gewaltausbruch zu verlassen scheint. Am Ende des Stücks berührt er Stella zärtlich, tröstet sie und versucht sie wieder in die Intimität zurückzuholen, die durch die Schwägerin Blanche gestört wurde. Bei aller Grobheit ist Stanley ein im Grunde offener und ehrlicher Typ, der seine Ungebildetheit nicht verschweigt und keine falschen Tatsachen vorspiegelt. Dazu ist er zu selbstbewusst. Stanley ist zwar nicht gebildet, aber auch nicht dumm. Er weiß um seine Rechte, kennt den „Napoleonic Code“ (S. 32, Z. 18), nach dem ihm als Ehemann aus dem Erbe seiner Frau ein Anteil zusteht. Schon früh ahnt er, dass mit Blanche etwas nicht stimmt. Er lässt sich von ihr nicht täuschen, macht sich über sie kundig und durchschaut ihr Lügengebäude. In seiner direkten, groben Art ist Stanley der **Gegenpol zur überempfindlichen Blanche**, deren vornehmes Getue ihm zunehmend auf die Nerven geht. Aufgrund der Vergewaltigung wird Stanley als der brutale Zerstörer der zarten Blanche angesehen. Dabei ist jedoch zu beachten, dass Stanley diese Zerstörung nicht bewusst plant, sondern dass sich die Katastrophe allmählich entwickelt.

Stanley Kowalski may perform the act which seals Blanche DuBois's doom once and for all, but, clearly, he has not consciously plotted to destroy her throughout the play.[6]

In der ersten Szene begegnet er Blanche eher gleichgültig, und erst im Laufe des Stücks entwickelt er eine immer stärkere Aversion, die ihn schließlich zum Äußersten treibt. Dabei geschieht auch diese Erniedrigung Blanches eher aus der Situation heraus. Stanley kommt aus dem Krankenhaus, um die Geburt des Kindes abzuwarten, er ist angetrunken, Blanche reizt ihn, sodass seine Aggression zum Ausbruch kommt. Das soll natürlich die Schandtat nicht entschuldigen, sondern die These stützen, dass er nicht von Anfang an die Vernichtung seiner Schwägerin plant. Vielmehr ist Stanley in seiner Triebhaftigkeit und Ichbezogenheit blind für Blanches Probleme und Nöte und empfindet keinerlei Mitleid. In dieser Haltung ist er Blanche nicht unähnlich, die ihren jungen Ehemann verständnislos und auf ihr eigenes Ansehen bedacht im Stich ließ. Damit bestätigt sich Williams' eigene Einschätzung, der sein Stück als „tragedy of incomprehension“[7] – als Tragödie des mangelnden Verständnisses – bezeichnete.

Mitch

Harold Mitchell ist Stanleys Arbeitskollege, Freund und Mitglied der Pokerrunde. Er ist etwa so alt wie Stanley, groß und kräftig: "I weigh two hundred and seven pounds [ca. 93 kg] and I'm six feet one and one half inches tall [1,84 m] ..." (S. 97, Z. 5 f.). Mitch lebt mit seiner kranken Mutter zusammen, um die er sich hingebungsvoll kümmert. Stanley und die Pokerspieler sehen in ihm ein Muttersöhnchen und machen ihn zur Zielscheibe ihres Spotts (vgl. S. 53, Z. 11 ff.). Mitch lernt Blanche am Pokerabend kennen. Er verfällt dem Charme der attraktiven Blanche und sieht in ihr seine zukünftige Partnerin: "I told my mother how nice you were, and I liked you." (S. 101, Z. 4 f.). Besonders nach dem Tod seiner Mutter könnte Blanche die leere Stelle an seiner Seite füllen. Blanche ihrerseits fühlt sich zu Mitch hingezogen, weil er sich durch seine **zurückhaltende**, **höfliche** und auch etwas schwerfällige Art von den rauen Spießgesellen, die Stanley um sich versammelt, unterscheidet. Für Blanche ist Mitch wegen seiner Unbeholfenheit und mangelnden Bildung an und für sich nicht gerade der ideale Ehemann. Sie ist ihm überlegen, spielt mit ihm, nutzt seine mangelnden Sprachkenntnisse aus, neckt ihn, sieht aber dennoch in ihm eine empfindsame, mitfühlende und Vertrauen erweckende Person, einen Partner, dem sie sich öffnen kann. Sie zeigt ihm ihr Innerstes, und offenbart ihren Schmerz, als sie ihm vom Selbstmord ihres Mannes berichtet. Eine Verbindung mit Mitch erscheint ihr als ein glückliches Ende ihres Leidensweges.

Mitch und Blanche entdecken Gemeinsamkeiten: sie haben Verluste erlitten und sehnen sich nach einer Partnerschaft, in der sie sich gegenseitig stützen können. Alles scheint auf eine glückliche Lösung hinauszulaufen, bis Stanley die Hoffnung beider zerstört, indem er Mitch über Blanches Vergangenheit aufklärt. Daraufhin ändert Mitch sich vollständig. Blanches erstes Geständnis, in dem sie ihm ihre Schuld an Allans Selbstmord beichtete, nahm er voller Mitgefühl auf (vgl. S. 104, Z. 8). Nach Stanleys Informationen fühlt er sich von Blanche hinters Licht geführt, ausgenutzt und betrogen, und seine Zuneigung wandelt sich in Hass und Verachtung. Ihr zweites Geständnis, in dem sie ihm ihren unmoralischen Lebenswandel als Suche nach Schutz zu erklären versucht, ruft bei ihm eine völlig andere Reaktion hervor. Mitch stößt Blanche brutal zurück: “You're not clean enough to bring in the house with my mother.” (S. 134, Z. 18 f.). Blanche ist nun nicht mehr die angehimmelte, perfekte Ehepartnerin, sondern nur noch ein Objekt seiner Begierde. Mitch bedrängt Blanche und vergewaltigt sie beinahe. Er nimmt damit ansatzweise das vorweg, was Stanley später auf grausame Weise vollendet. Seine Reaktion am Ende des Stücks, als Blanche vom Nervenarzt abgeholt wird, seine wütende Anklage gegen Stanley zeigt, wie tief die Enttäuschung über die misslungene Verbindung ihn trifft und wie sehr er sich ein Zusammenleben mit Blanche gewünscht hatte. Allerdings könnte man auch meinen, dass er sich hier in erster Linie selbst bemitleidet. Denn es ist Mitch selbst, der mit Blanche bricht aufgrund der Informationen, die er von Stanley über sie erhält. Er ist zu schwach, um auf Blanche zuzugehen, sie eventuell zu verstehen oder gar einen Neuanfang mit ihr zu wagen. Mit einem solchen Verhalten müsste er sich gegen den dominanten Stanley auflehnen und seine Stellung innerhalb des Freundeskreises gefährden. Insofern reiht er sich in die Reihe derer ein, die über Blanche urteilen, sie verurteilen, weil sie einem vorgefassten Bild nicht entspricht. Vielleicht weint Mitch auch aus Scham über sein eigenes Versagen, dass er nicht dazu in der Lage war, Blanches Untergang zu verhindern. So zählt auch er zu den Verlierern.

Eunice und Steve

Das Ehepaar Steve und Eunice Hubbel ist Besitzer des Hauses, in dem Stanley und Stella Kowalski zur Miete wohnen. Eunice und ihr Ehemann wohnen im oberen Stockwerk und haben ein ähnliches Verhältnis zueinander wie ihre Mieter. Sie streiten sich heftig und lieben sich anschließend wieder. In dieser Hinsicht erscheinen sie wie eine in die Zukunft projizierte Vision der Ehe, die Stanley und Stella miteinander führen. Eunice ist eine neugierige, aber sehr hilfsbereite Nachbarin, die sich um Stella kümmert. Sie hilft Stella nach der Geburt ihres Babys und bietet ihr Schutz vor den Gewaltausbrüchen ihres Mannes. Nach dessen Vergewaltigungstat steht Eunice Stella zur Seite und unterstützt sie dabei, mit diesem Ereignis fertig zu werden. Sie rät ihr, das Ganze zu vergessen und nicht weiter nachzuforschen: "Don't ever believe it. Life has got to go on. No matter what happens, you've got to keep on going." (S. 149, Z. 17). Außerdem bestärkt sie Stella, sie habe mit der Einweisung Blanches die richtige Entscheidung getroffen (vgl. S. 157, Z. 21 ff.). Ihr Mann Steve gehört zu Stanleys Pokerfreunden. Seiner Frau gegenüber verhält er sich ähnlich wie Stanley. Er streitet mit ihr, wirft Teller nach ihr und kommt um Vergebung winselnd zu ihr zurück. Er spricht die letzten Worte des Stücks. Indem er die Karten zu einem neuen Spiel austeilt, signalisiert er nach dem Abgang von Blanche die Rückkehr zum „normalen" Alltag, als sei nichts Besonders geschehen: "This game is seven-card stud." (S. 160, Z. 10).

Folgendes Schaubild fasst die **Personenkonstellation** in *A Streetcar Named Desire* noch einmal zusammen. Die Beziehungen zwischen den Personen – aus Vergangenheit und Gegenwart – und insbesondere ihr Verhalten gegenüber Blanche werden deutlich.

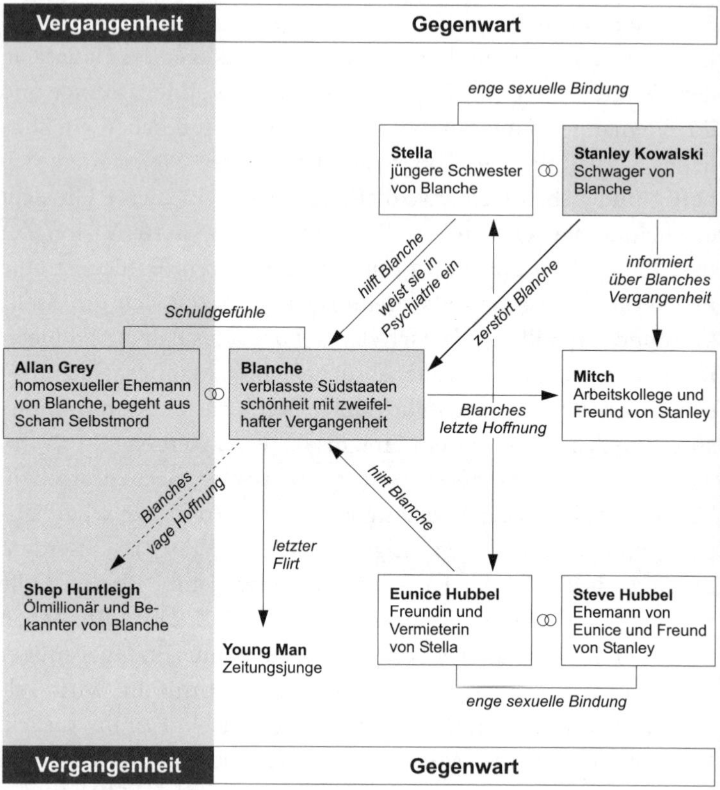

Personenkonstellation

2 Aufbau

A Streetcar Named Desire besteht aus elf Szenen. Schauplatz der Handlung ist das Apartment von Stanley und Stella in einem zweigeschossigen Holzhaus in einem ärmeren Viertel von New Orleans. Ihre Wohnung ist klein, sie umfasst nur Küche, Bad und Schlafzimmer. Einige Szenen spielen vor dem Haus.

Da das Stück nicht in Akte unterteilt ist, kann man nicht eindeutig einen Aufbau nach den Kriterien der klassischen geschlossenen Dramenform nachzeichnen. Dennoch ist es auch hier möglich, eine ähnliche Einteilung vorzunehmen:

- Szene 1 **Exposition** *(exposition)*: führt den Ort der Handlung, die Charaktere (Blanche, Stella, Stanley) und die Grundmotive (Blanches Vergangenheit, Gegensatz zu Stanley) ein.
- Szenen 2 bis 6 **Steigerung** *(rising action)*: Blanches Vergangenheit wird aufgedeckt, ihre mögliche Zukunft angedeutet.
- Szenen 7 und 8 **Höhepunkt** *(climax)*: brutale Konfrontation, Versuch eines Auswegs.
- Szene 9 **Wendepunkt** *(peripeteia)*: Blanches Schicksal wendet sich zum Schlechten, Ausweglosigkeit.
- Szene 10 **Katastrophe** *(catastrophe)*: Vergewaltigung und damit Zerstörung von Blanche.
- Szene 11 „**Coda**" (Begriff aus der Musiktheorie: Nachspiel): Verstoß aus der Gesellschaft, Zuflucht in der Psychiatrie

Scene One early in May, evening	**Scene Two** the following evening, six o'clock	**Scene Three** same as before, at night (2:30)	**Scene Four** the following day, morning
• Blanche trifft bei ihrer Schwester Stella in New Orleans ein • Blanche berichtet vom Verlust von Belle Reve • erstes Zusammentreffen von Blanche und Stanley	• Stella und Blanche wollen ausgehen • Stanley erfährt vom Verlust von Belle Reve • er stellt Blanche zur Rede • Blanche verteidigt sich • Hinweis auf ihren verstorbenen Mann	• Pokerrunde bei Stanley • Blanche und Stella kehren zurück • Blanche lernt Mitch kennen • Stanley schlägt Stella • sie versöhnen sich	• Stella liegt im Schlafzimmer • Blanche hat eine schlaflose Nacht hinter sich • sie appelliert an Stella, ihren Mann zu verlassen • Stanley hört heimlich Blanches vernichtende Kritik
• Einführung von Personen und Situation • Darstellung der unterschiedlichen Charaktere • erste Andeutungen eines Konflikts	• Stanley ist misstrauisch • er will weitere Nachforschungen anstellen	• Stanleys und Stellas enges Verhältnis wird deutlich • Mitch erscheint als Kontrast zum ungehobelten Stanley	• Blanche versteht nicht, dass Stella so eng mit Stanley verbunden ist
Exposition	**Steigende Handlung**		

Scene Five afternoon	**Scene Six** same night at 2 a.m.	**Scene Seven** late afternoon in mid-September	**Scene Eight** three-quarters of an hour later
• Streit zwischen Eunice und Steve • Stanleys erste Andeutung zu Blanches Vergangenheit • Blanche erklärt Stella ihr Verhalten • Stella bestärkt Blanche, Mitch zu heiraten • Blanche flirtet mit Zeitungsjungen	• Blanche und Mitch kehren zurück • unbeholfene Konversation • Blanche erzählt vom Selbstmord ihres Ehemannes • Mitch ist besorgt um seine Mutter • er deutet eine Heirat mit Blanche an	• Stella bereitet Geburtstags-feier für Blanche vor • Stanley legt Blanches unmora-lische Vergangenheit offen • er hat Mitch davon in Kenntnis gesetzt • Mitch kommt nicht zur Feier	• nach der misslungenen Feier: Stanley wird aggressiv • Blanche versucht Kontakt mit Mitch aufzunehmen • Stanley gibt Blanche das Busticket für die Rückfahrt nach Laurel • bei Stella setzen die Wehen ein, Stanley bringt sie ins Krankenhaus
• Blanche sucht Verständnis bei Stella • ihr zwiespältiger Charakter wird deutlich	• Blanches Vergangenheit wird deutlicher • eine positive Lösung scheint möglich	• Blanches Vergangenheit wird aufgedeckt • Stanley zerstört Blanches Hoffnungen	• Blanche unternimmt letzten Rettungsversuch • Stanley stellt Blanche vor voll-endete Tatsachen
Steigende Handlung		**Höhepunkt**	

Scene Nine a while later that evening	**Scene Ten** a few hours later that night	**Scene Eleven** some weeks later
• Blanche ist allein und trinkt • Mitch erscheint und bezichtigt sie der Lüge • Blanche unternimmt Erklärungsversuche • Mitch bedrängt Blanche, doch sie schreit um Hilfe	• Blanche probiert Kleider an • sie trinkt • der betrunkene Stanley kehrt vom Krankenhaus zurück • er macht sich über sie lustig • Blanche bricht in Panik aus • Stanley vergewaltigt sie	• Stella hat für Blanche einen Platz in der Psychiatrie organisiert und packt ihre Sachen • Stanley und seine Freunde spielen Poker • Blanche erwartet Shep Huntleigh • stattdessen erscheinen Arzt und Krankenschwester • Blanche begibt sich in die Obhut des Arztes • Stella verzweifelt • Stanley tröstet sie
• Blanches letzter Versuch einer Rettung scheitert • Mitch zeigt die üble Seite seines Charakters	• der Konflikt zwischen Stanley und Blanche endet mit der Zerstörung Blanches	• Blanche endet in der Psychiatrie • Stella bleibt bei Stanley
Wendepunkt	**Katastrophe**	**Coda**

Dramenaufbau

3 Sprache und Symbolik

3.1 Sprache

Charakterisierung durch Sprache

Hört man einen Menschen reden, so kann man gewisse Rückschlüsse auf seine Herkunft, seinen Bildungsstand und auch auf seinen Charakter ziehen. Auch in der Literatur wird Sprache als Mittel zur Charakterisierung einer Figur eingesetzt. Da die Person nicht direkt charakterisiert wird, sondern dies anhand ihrer Äußerungen geschieht, nennt man diese Technik **indirekte Charakterisierung** *(implicit characterisation)*. Ob jemand gebildet ist, kann man z. B. am Umfang des Wortschatzes und an der Verwendung von Standardsprache, d. h. von grammatikalisch „korrekten" sprachlichen Strukturen erkennen. **Stanley**, **Mitch** und **Eunice** verwenden Wörter und Wendungen der Umgangssprache und des Slangs. Durch den begrenzten Wortschatz, und die zahlreichen Wendungen, die nicht der Grammatik der Standardsprache entsprechen, charakterisieren sie sich selber als weniger gebildete Mitglieder der **Unterschicht**. Zu den umgangssprachlichen Formen, die Stanley und seine Freunde aus der Pokerrunde häufig benutzen, gehören Zusammenziehungen (Kontraktionen) wie *gotta* statt *got to* ("We gotta have odds!" S. 7, Z. 16), *gonna* statt *going to* ("It's gonna be all right again [...]." S. 120, Z. 2). Außerdem verwenden sie häufig die für Slang typische Verneinungsform *ain't* ("She ain't coming down [...]." S. 61, Z. 18). Grammatikfehler gehören zu den Charakteristika des Slang, so z. B. die doppelte Verneinung: "She didn't show you no papers [...]" (S. 31, Z. 20) statt *She didn't show you any papers*; ebenso die Inkongruenz zwischen Person und Verbform: "And wasn't we happy together?" (S. 124, Z. 3) anstelle von *And weren't we happy together?* In der Sprache von **Blanche** und **Stella** sind solche Nachlässigkeiten nicht zu finden. Durch ihre formal korrekte Sprache heben sie sich von den weniger gebildeten Sprechern ab und lassen erkennen, dass sie aus einer **gebildeten Gesellschaftsschicht** stammen. Nicht nur durch den Umfang des Wortschatzes und den Grad der Korrektheit bei der Sprachverwendung, sondern auch durch Redeweise, Intonation und Lautstärke, wird das Wesen eines Menschen deutlich. Stanley brüllt häufig herum oder knurrt andere kurz angebunden an. Dadurch erscheint er unhöflich, schroff und wenig mitfühlend. Es kümmert ihn nicht, wenn er andere durch seine direkte Art verletzt. Er setzt diese aggressive Sprechweise wie eine Waffe ein, mit der er seine Position als Anführer und Wortführer festigen will. Zudem scheut Stanley sich nicht, unangenehme Dinge direkt anzusprechen. Die Sonderstellung, die Mitch unter den Pokerfreunden einnimmt, wird auch durch seine Art zu sprechen hervorgehoben. Aufgrund seiner Verstöße gegen die Standardsprache ("it don't look neat on me", S. 96, Z. 5; "We was together ...", S. 99, Z. 1) könnte man ihn einerseits eher Stanleys Niveau zuordnen, anderseits sticht Mitch aber aus der Gruppe heraus. Er brüllt nicht wie Stanley, sondern redet leiser und zurückhaltender. Dadurch dass er Blanche bei der ersten Begegnung auch höflich mit „Miss DuBois" (S. 55, Z. 18) anredet und freundliche – wenn auch manchmal etwas holprige – Konversation macht, erscheint er vor dem Hintergrund der rauen Pokerrunde als angenehmerer Zeitgenosse. Blanche schätzt ihn auch gleich so ein, wenn sie über Mitch urteilt: "That one seems – superior to the others." (S. 50, Z. 6).

Während Stanleys Redebeiträge im Allgemeinen kurz und knapp sind, holt Blanche gewöhnlich weit aus. Das bedeutet nicht nur, dass sie über einen größeren Wortschatz verfügt und sich dementsprechend genauer und gewählter ausdrücken kann, sondern dass sie **Sprache** auch **als Mittel** einsetzt, **andere zu beherrschen**. Gleich zu Beginn, in der ersten Szene von *A Streetcar Named Desire*, lässt sie einen Redeschwall auf Stella niederprasseln, sodass diese kaum zu Wort kommt. Blanche offenbart hier einen weiteren Charakterzug: Sie steht gern im Mittelpunkt. Wenn man diese Unterschiede zwischen Stanley und Blanche allein im sprachlichen Bereich betrachtet (Umfang des Wortschatzes, Redegewandtheit, Redeanteil), kann man feststellen, dass ein Konflikt unvermeidbar ist. Stanley muss sich unterlegen fühlen – für ihn eine vollkommen ungewohnte Erfahrung, mit der er nicht leben kann. Insofern trägt auch die Art und Weise, wie Blanche redet, dazu bei, bei Stanley Aggressionen zu wecken. Er wird bestrebt sein, diese Überlegenheit als aufgesetztes Getue zu entlarven und damit seinen Rang als Nummer Eins in seinem Revier wieder herzustellen.

3.2 Symbolik

plastic theater

Um dem Zuschauer zu ermöglichen, die Handlung besonders intensiv mitzuerleben und mit den Charakteren mitzufühlen, schuf Tennessee Williams eine neue Form des Theaters, die er als *plastic theater* bezeichnete. Ziel war es, die Seelenzustände der Figuren in seinen Dramen zu veranschaulichen. Williams hatte ganz präzise Vorstellungen in Bezug auf Bühnenbild, Ausstattung, **Farben**, **Musik** und **Beleuchtung** sowie **visuelle Effekte** – wie auch aus den Regieanweisungen hervorgeht.

Er entwickelte seine neue Darstellungsart, weil er eine naturalistische Nachahmung der Wirklichkeit auf der Bühne ablehnte. In einer Anmerkung zu seinem ersten Erfolgsstück *A Glass Menagerie* fasste er seine Auffassung so zusammen:

The straight realistic play with its genuine frigidaire and authentic ice-cubes, its characters who speak exactly as its audience speaks, corresponds to the academic landscape and has the same virtue of a photographic likeness. Everyone should know nowadays the unimportance of the photographic in art: that truth, life, or reality is an organic thing which the poetic imagi-

> *nation can represent or suggest, in essence, only through transformation, through changing into other forms than those which were present in appearance. These remarks [...] have to do with a conception of a new, plastic theater which must take the place of the exhausted theater of realistic conventions [...].*[8]

In der Malerei der Moderne hatte sich bereits ein ähnlicher Wandel vollzogen. Es ging nicht mehr darum, die Wirklichkeit getreu abzubilden. Das konnte mit den neu entwickelten technischen Mitteln (Fotografie, Film) besser, d. h. naturgetreuer geschehen. Vielmehr wollten die Maler das zeigen, was mit den neuen Techniken nicht dargestellt werden konnte: Empfindungen, Einstellungen, Gefühle. In der erzählenden Literatur spricht man von „Verinnerlichung", d. h. die Hinwendung zur Darstellung der Gefühlswelt und des Seelenlebens der Figuren. Entsprechend stellte Williams in seinem ersten großen Bühnenerfolg *A Glass Menagerie* die Gedanken der Hauptperson Tom Wingfield auf die Bühne: "the scene is memory and is therefore nonrealistic"[9]. Tennessee Williams will mit den Techniken des *plastic theater* Emotionen deutlich machen, der Wahrheit, wie er sagt, näher kommen.

Um die Realitätsebene zu durchbrechen und unter die Oberfläche zu schauen, setzte er in seiner neuen Form des *plastic theater* weitere Mittel ein, wie z. B. die Durchsichtigkeit der Szenerie – ursprünglich sollten die Zuschauer die gesamte Handlung von *A Glass Menagerie* durch einen transparenten Vorhang verfolgen.[10] Hinzu kam der ausgiebige Einsatz von Musik, Beleuchtung, Farben, Mimik und Gestik. Bei der Entwicklung seiner Auffassung und Arbeitsweise konnte Williams auf Techniken des Films zurückgreifen, die er während seiner Arbeit für Metro-Goldwyn-Mayer in Hollywood kennengelernt hatte.

Im Rahmen dieser neuen Kunstform des *plastic theater* kommt den Symbolen eine besondere Bedeutung zu. Ein Symbol ist ein bildhaftes Zeichen, das auf allgemeine Zusammenhänge, auf eine Idee oder einen Begriff verweist. In *A Streetcar Named Desire* verwendet Williams mehrere Gegenstände, die nicht nur eine unmittelbare Funktion als Ding haben, sondern für einen bestimmten Inhalt stehen. Eine symbolische Bedeutung kann man vor allem in Blanches Papierlampenschirm, dem Spiegel, der Kleidung und den Farben sowie einigen Namen und Bezeichnungen erkennen. Allerdings sollte man bei der Interpretation von Symbolen darauf achten, die Auslegung nicht zu weit zu treiben, um nicht in den Bereich der Spekulation zu geraten.

Blanches Lampenschirm aus Papier

Der chinesische Papierlampenschirm („paper lantern" z. B. S. 56, Z. 7 f.) ist ein zentrales Symbol im Drama. Blanche lässt ihn anbringen, um das grelle Licht der nackten Glühbirne zu dämpfen. Sie ist verletzlich und verwendet den Schirm als **Schutzschild** gegen die Grausamkeit der Realität – repräsentiert durch die nackte Glühbirne. Sie möchte die raue Wirklichkeit ausblenden, da sie sich nach dem Zauber des Angedeuteten, sehnt. Sie wünscht sich in eine Welt der Zartheit und Zärtlichkeit. Diese Wörter „softness and tenderness" (S. 102, Z. 8) verwendet sie, als sie Mitch von ihrem Mann erzählt. Im weicheren Licht des Lampions fühlt Blanche sich sicherer, zumal es auch ihrer Schönheit schmeichelt und Anzeichen des Alterns verbirgt. Die Tatsache, dass Blanche sich dieses Mittel verschafft, beweist zum einen ihre Findigkeit, sich zu präsentieren. Zum anderen belegt sie auch die Gerissenheit, über die sie verfügt, andere hinters Licht zu führen. Durch den Schirm wird ein künstliches Licht erzeugt, das die Wirklichkeit verfälscht. Es ist bezeichnend, dass der Schirm aus Papier ist, also aus einem billigen Material, das nicht sehr widerstandsfähig und nicht von Dauer ist. Im Übrigen spielt Papier im Stück an mehreren Stellen eine symbolische Rolle. Blanche hat Papiere, Dokumente über den Familiensitz Belle Reve, bei sich, sie flirtet mit dem „paper boy“ (S. 87 ff.), und das Lied, das sie singt, heißt „It's only a paper moon“ (S. 109, Z. 19). Der Papierlampenschirm lässt sich leicht befestigen, jedoch genauso leicht wieder entfernen. Mitch bringt ihn an, und er und Stanley reißen ihn wieder herunter. Sie zerstören damit Blanches Schutzschild und zerren sie aus der Geborgenheit ihrer Wunschwelt in die grelle Wirklichkeit. Sie stellen sie bloß und machen sie verletzlich.

Der Spiegel

Der Gegensatz zwischen Illusion und Wirklichkeit wird auch im Zusammenhang mit dem Spiegel veranschaulicht, den Blanche im Stück hält. Im Spiegel überprüft sie zunächst ihr

Aussehen und sieht sich in fröhlicher Gesellschaft, umgeben von Bewunderern. Doch plötzlich ahnt sie, dass sie sich einem Trugbild hingibt: “[...] if you hit a rock you don't come up till tomorrow [...]” (S. 136, Z. 18 f.). Diese Erkenntnis lässt sie erzittern, und sie zerstört die Illusion einer schöneren Welt, indem sie den Spiegel mit aller Gewalt auf den Boden wirft, sodass das Glas zerbricht (vgl. S. 136 f.). Sie markiert damit das Ende der Traumwelt und nimmt ihre eigene unmittelbar bevorstehende Zerstörung symbolisch vorweg.

Farben und Kleidung

Auch Kleidung und deren Farbe haben Zeichenfunktion und weisen z. B. auf Charakter, Einstellung einer Figur hin. In der Art, wie sie sich kleiden, zeigen sich große Unterschiede zwischen den beiden Kontrahenten. **Stanley** ist in diesem Bereich eher nachlässig. Er tritt in Arbeitskleidung („blue denim work clothes", S. 7, Z. 11) oder buntem Freizeithemd auf, d. h. sein Kleidungsstil ist funktional ausgerichtet, je nachdem ob er zur Arbeit oder zum Bowling geht. Eine besondere Bedeutung kommt dem eng anliegenden nassen T-Shirt zu, in dem er sich zeigt. Zur Zeit der Aufführungen in den 40er- und 50er-Jahren war die Zurschaustellung eines nackten männlichen Oberkörpers auf der Bühne eine Provokation. Diese Aufmachung symbolisiert Stanleys körperliche Kraft, Aggressivität und sexuelle Ausstrahlung.

Im Unterschied zu Stanley legt **Blanche** besonderen Wert auf Kleidung. Sie will nach außen zeigen, dass sie etwas Besseres ist, und sich abheben von der Masse. Da Blanche aber nicht über das nötige Geld verfügt, sich teure Stücke leisten zu können, muss sie zu Ersatz greifen. Bei genauerem Hinsehen kann man aber erkennen, dass es sich nur um billige Imitate handelt. So ist ihre Kleidung in Wahrheit eine *Ver*kleidung, eine bloße Fassade. Ihre Aufmachung symbolisiert ihre soziale Stellung (die heruntergekommene Aristokratin) und moralische Doppelzüngigkeit.

Auch Blanches bevorzugte Farbe **Weiß**, Zeichen der Reinheit und Unschuld, erhält unter diesem Aspekt eine besondere Aussagekraft. Die Pokerspieler erscheinen in bunten grellen Farben und werden somit als eine ganz andere Welt gekennzeichnet.

Die häufigen **Bäder**, die Blanche nimmt, zeigen, dass sie sich in irgendeiner Weise schmutzig fühlt. Sie sind ein Symbol für ihre Bemühungen, sich von der Schuld am Tod ihres jungen Ehemanns reinzuwaschen.

Blanche trägt gern **Seide**, den Stoff, der als vornehm gilt, weil sie die aristokratische Dame spielen möchte. Stanley, normalerweise nachlässig gekleidet, holt in Szene 10 seinen Seidenpyjama hervor, den er in der Hochzeitsnacht getragen hatte. Er zieht ihn immer bei besonderen Gelegenheiten an. Dies könnte die bevorstehende Geburt seines Kindes sein, er könnte aber auch auf die finale Konfrontation mit Blanche anspielen.

New Orleans

Tennessee Williams wählte als Schauplatz der Handlung New Orleans, eine laute, geschäftige Metropole, in der das pralle Leben zu Hause ist. Williams, der aus der Enge einer ländlichen Kleinstadt kam, liebte New Orleans, weil sich ihm hier eine neue Welt eröffnete. Die Industriestadt im Delta des Mississippi trägt den Spitznamen „The Big Easy“ und gilt als Wiege des Jazz.

In der Regieanweisung zur ersten Szene (S. 5 f.) schildert Williams die gedämpfte Atmosphäre in der Stadt, die sich auch in den Farben *(white, grey, blue, turquoise, brown)* ausdrückt. Musik, Stimmengewirr und der Duft von Bananen und Kaffee erfüllen die Luft.

Insgesamt herrscht zu Beginn des Dramas eine positive Stimmung (vgl. S. 5, Z. 13), die im Gegensatz zum heraufziehenden Unheil steht. Trotz der Anzeichen des Verfalls strahlt die Gegend Charme aus. Dem Tüchtigen wie dem Einwanderer Stanley bietet die Stadt Arbeit und damit Lebensunterhalt. Sie verlangt im Gegenzug Fleiß, Einsatz und Durchsetzungskraft. Hier zeigt sich die Vielfalt des Lebens, zu der positive Aspekte – wie Musik und Vergnügen –, aber auch die Kehrseiten der menschlichen Existenz – wie Gewalt, Enge und Verbrechen – gehören. New Orleans ist das Symbol des neuen Industriezeitalters, eine Welt des Aufbruchs und des Fortschritts. Belle Reve steht im Kontrast dazu; der „schöne Traum" repräsentiert die Vergangenheit, die alte Welt der Südstaatenaristokratie, die untergegangen ist. Dieser Traum hat allerdings nichts mehr mit der Realität zu tun. Blanches Schwester Stella ist es gelungen, sich in die neue Umgebung einzufügen. Doch Williams macht von Anfang an deutlich, dass sich Blanches Schicksal an diesem Ort entscheiden wird, da sie auf verlorenem Posten steht: „incongruous *[unangemessen]* to this setting" (S. 8, Z. 26). Die sensible Blanche ist den Anforderungen der Großstadt nicht gewachsen.

Telling Names

Unter *telling names* versteht man Namen oder Begriffe, die einen symbolischen Charakter haben. Die Straßenbahnen, die Blanche zu ihrem Bestimmungsort bringen, tragen die Namen „**Desire**" (S. 9, Z. 11) und „**Cemeteries**" (S. 9, Z. 12) und weisen auf wichtige Handlungselemente hin. *Desire*, ein Wort aus dem Titel des Stückes, hat zwei Bedeutungen: Wunsch und (sexuelles) Verlangen; und *Cemeteries* (Friedhöfe) weckt Assoziationen an Vergänglichkeit und Tod. Der **Tod** wird im Drama an mehreren Stellen angesprochen. Blanche berichtet ihrer Schwester vom langen Sterben in Belle Reve, und Mitch schildert sie eindrücklich den Tod ihres Ehemannes.

Sexualität ist ein zentrales Thema, das Williams anspricht. Sexuelles Begehren verbindet Stanley ("Since his earliest manhood the centre of his life has been pleasure with women", S. 25, Z. 11 f.) und Stella. Beide brauchen einander. Stanley kann ohne Stella nicht sein, will sie auf keinen Fall verlieren. Sie kehrt trotz ihrer Demütigung zu ihm zurück, weil sie in der sexuellen Verbindung mit ihrem Mann Erfüllung findet. Im Gegensatz dazu versucht Blanche ihre Sexualität zu verdrängen. Sie spielt die Unnahbare, die sexuell Unerfahrene, während ihre Biografie ganz andere Wahrheiten aufzeigt.

Während seines Aufenthalts in New Orleans sah Tennessee Williams jeden Tag von seinem Zimmer aus zwei Straßenbahnen, die auf dem selben Gleis zu ihren jeweiligen Endstationen „Cemeteries“ bzw. „Desire“ fuhren, und er dachte an einen symbolischen Zusammenhang zwischen den beiden Endstationen:

> *[...] running on the same tracks, are two streetcars, one named 'Desire' and the other named 'Cemeteries'. Their indiscourageable progress up and down Royal Street struck me as having some symbolic bearing of a broad nature on the life in the Vieux Carré – and everywhere else, for that matter.*[11]

Einige Interpreten sehen in Blanches Fahrt mit diesen beiden Bahnen eine Versinnbildlichung ihres Lebenswegs. Ihr Verlangen, d. h. das Ausleben ihrer sexuellen Wünsche, hat ihren „sozialen Tod“, ihren Verstoß aus der Gesellschaft, zur Folge. Eine andere Lesart besagt, Verlangen und Tod sind die beiden Pole, zwischen denen sich das Leben abspielt. In *A Streetcar Named Desire* habe Williams das Aufeinandertreffen von Tod und Begehren in den Charakteren Stanley und Blanche gestaltet.

Auch der Name „**Elysian Fields**“, den die Straße trägt, in der die ärmliche Behausung der Kowalskis steht, lädt zur Auslegung ein. Das Elysium ist in der griechischen Mythologie die Bezeichnung für die „Insel der Seligen“, das Paradies der Götter. Davon kann in diesem Stadtviertel keine Rede sein. Es ist also ein Name voller Ironie, der im krassen Gegensatz zur Wirklichkeit steht.

Die Namen der Hauptpersonen lassen ebenfalls Interpretationen zu. Blanche begrüßt ihre Schwester **Stella** in der ersten Szene überschwänglich: „[...] Stella for Star!“ (S. 13, Z. 3). Ein Stern ist eine positive, feste Größe, und damit könnte auf Stellas gefestigten Charakter und ihre sichere gesellschaftliche Position angespielt werden. Bei ihrer ersten Begegnung mit Mitch erklärt **Blanche** die Bedeutung ihres eigenen Namens: “It [Dubois] means woods and Blanche means white, so the two together mean white woods. Like an orchard in spring!” (S. 55, Z. 19 ff.). Allerdings kann man hier von Ironie sprechen, wenn man bedenkt, dass dieser Garten schon am Verblühen ist. Wie die weiße Kleidung spielt auch der Vorname darauf an, dass Blanche sich gerne als die Unschuldige gibt – ganz im Kontrast zu ihrem tatsächlichen Verhalten. **Kowalski** bedeutet im Polnischen „Schmied“ und könnte als Verweis auf Stanleys Kraft und zupackende Art – vielleicht auch Brutalität – angesehen werden.

Der ursprüngliche Titel *The Moth*

Williams entwarf Szenen für ein Stück, in dessen Mittelpunkt eine zum Untergang geweihte Heldin stehen sollte und wählte dafür den Titel *The Moth*. Dieser zuerst geplante Titel ist ein Symbol für Blanche. Die Motte ist ein kleiner, unscheinbarer Nachtfalter. Sie wird vom Licht angezogen, begibt sich aber damit in Gefahr. Parallelen zu Blanche sind offensichtlich. Obwohl ihre besten Tage vorbei sind, sucht sie das Licht, sie will im Mittelpunkt stehen. Unstet flattert sie hin und her, sucht Bestätigung ihrer Attraktivität, indem sie sich auf viele Männerbekanntschaften einlässt. So zeigt sie ein Verhalten, das sie letztlich zerstören wird. Dem Bild der Motte haftet auch eine gewisse Muffigkeit und Ärmlichkeit an. Der einst vom Reichtum gekennzeichnete Lebensstil ist verschwunden, Blanche nur eine verarmte Nachfahrin. Wie eine Motte in einem Kleidungsstück muss sie Unterschlupf suchen und wird von Stanley als Schmarotzer verachtet. Motten sind Schädlinge, die Kleider und Lebensmittel unbrauchbar machen. Blanche gilt als Schädling für die Moral der Gesellschaft und wird wie ein lästiges Insekt beseitigt.

4 Zentrale Themen und Motive

Tennessee Williams' sensationeller Erfolg in den 40er- und 50er-Jahren des 20. Jahrhunderts beruht zum großen Teil auf der Tatsache, dass er neue und bislang tabuisierte Themen aufgriff. Die Motive ergaben sich zumeist aus seiner eigenen Biografie. Auf die enge Verflechtung zwischen den Nöten seiner Figuren und seinen eigenen Erfahrungen wies Williams selbst mehrfach hin. So bezeichnete er *A Streetcar Named Desire* als sein Lieblingsstück und schrieb: "I was and still am Blanche. [...but] I have a Stanley in me, too."[12] Entsprechend dieser Selbsteinschätzung finden sich in *Streetcar* einige Themen, die im Leben des Autors eine Rolle spielten, z. B. die Konfrontation zwischen Empfindsamkeit und Brutalität, zwischen altem und neuem Süden, das Thema Sexualität und die Darstellung psychischer Probleme. Williams ist ein feinsinniger Beobachter und Analytiker, der nicht als Sprecher für oder gegen eine bestimmte Sache oder Idee in Erscheinung tritt. Er stellt keine Forderungen auf und bietet auch keine fertigen Lösungen an.

4.1 Konfrontation zwischen Empfindsamkeit und Brutalität

Das zentrale Thema des Dramas ist der Konflikt zwischen Blanche und Stanley, zwischen einem sensiblen, leicht verletzbaren Menschen und einem rücksichtslosen Rüpel. Die kultivierte (ehemalige) *Southern Belle*, die in ihrer Zartheit einer flatternden Motte gleicht, trifft auf den brutalen, kraftstrotzenden Stanley. Nicht aus eigenem freien Willen erscheint sie im Haus ihrer Schwester, sondern weil sie aufgrund ihrer Verstöße gegen gesellschaftliche Konventionen vertrieben wurde. Nach dem Verlust ihrer finanziellen Lebensgrundlage sieht sie keinen anderen Ausweg, als sich zu ihrer nächsten Verwandten zu flüchten. Die Wohnung liegt in einer Gegend, die den ironisch klingenden Namen *Elysian Fields* trägt. Doch für die hypersensible Blanche ist dies kein Paradies. Sie kommt in eine pulsierende, laute Welt, in der Jazzmusik an allen Ecken dröhnt, wo Straßenverkäufer lauthals ihre Ware anpreisen, wo die Menschen in ärmlichen Behausungen auf engstem Raum zusammenleben und wo kaum Privatsphäre vorhanden ist. In der schwülen, erotisierenden Hitze dieser Stadt sucht Blanche vergeblich Schutz und Halt. Blanche weiß von Anfang an, wie aussichtslos diese Suche ist. Schnell merkt sie, dass sie in Stanley ihrem Scharfrichter in die Arme läuft. Charakteristisch hierfür ist eine Aussage von Blanche, die sich in der Filmversion und in einigen Textausgaben (z. B. New Directions 2004) in Szene 6 findet: "The first time I laid eyes on him I thought to myself, that man is my executioner!". Sie ist sich bewusst, dass sie keine Chance hat, und sagt ihre bevorstehende Zerstörung voraus.

Zudem trägt Blanche selbst zu ihrem Untergang bei, da sie sich nicht freimachen kann – oder will – von den sozialen Wertvorstellungen ihrer vermeintlich besseren Herkunft. Sie spricht affektiert, von oben herab wie eine weiße Herrscherin auf einer Plantage des 19. Jahrhunderts und spielt anderen etwas vor. Dabei merkt sie nicht, dass ihre Fassade bröckelt und sie durchschaut ist. "When Stanley peels off her tissue of lies, she stands in the glare of his cynical gaze as nothing more than a pretentious *[anmaßend]* tramp with a taste for liquor."[13] Sie glaubt, sie müsse die unschuldige Romantikerin spielen, um für Männer attraktiv zu sein. Deswegen verbirgt sie ihre Vergangenheit, lügt in Bezug auf ihr Alter und ihre sexuellen Wünsche. Blanche flüchtet sich in eine Lebenslüge, wenn sie sich einbildet, die alte Welt der weißen Oberschicht in den Südstaaten existiere noch. In Wahrheit ist sie selbst Relikt einer untergegangenen Epoche. So wirkt ihr Festhalten an Traditionen aufgesetzt und unecht.

In der Konfrontation mit der triebhaften und zerstörerischen Kraft der Generation der Zuwanderer, repräsentiert durch den polnischen Einwanderer Stanley, hat die neurotische Blanche keine Chance. Eine neue Zeit ist angebrochen, in der nur der Stärkere überlebt. Eine schwache Blanche hat hier keinen Platz, weil sie nicht fähig ist, Vergangenes loszulassen und sich Neuem zu stellen. Williams veranschaulicht, dass eine empfindsame Natur dieser Welt schutzlos ausgeliefert ist.

Es darf aber nicht übersehen werden, dass der Autor keinerlei Partei ergreift. Im Grunde zeigt er, dass beide Charaktere in gewissem Maße konsequent und ihrer Natur gemäß handeln. Blanche sollte das Recht zugestanden werden, mit allen Mitteln zu versuchen, sich vor der Katastrophe zu bewahren. Stanley seinerseits sollte das Recht haben, sich z. B. nicht übers Ohr hauen zu lassen und seiner Lebensweise treu zu bleiben. Die Tragik in dieser Begegnung ungleicher Charaktere besteht darin, dass es für die Empfindsame keine Lösung gibt – außer der, die am Ende des Stückes aufgezeigt wird: der Flucht aus der Gesellschaft.

4.2 Konfrontation zwischen altem und neuem Süden

Man kann die Konfrontation, die Williams darstellt, auch so interpretieren, dass hier nicht nur zwei konträre Individuen aufeinandertreffen, sondern dass die Figuren für zwei grundverschiedene Welten stehen. Blanche steht für die weiße Aristokratie der amerikanischen Südstaaten und Stanley für die neue Einwanderergeneration. Mit dem alten Süden ist die Kultur gemeint, die sich auf den großen Plantagen entfaltete. Durch Sklaverei konnte im *Deep South* eine starke Landwirtschaft erblühen. Die weiße Oberschicht der Plantagenbesitzer konnte so eine eigenständige Lebensart entwickeln. Die Wertvorstellungen der weißen Reichen im landwirtschaftlich ausgerichteten Süden unterschieden sich stark vom industrialisierten Norden. Hier herrschte und herrscht eine konservativere Einstellung, wie die Bezeichnung *Bible Belt* für den christlich geprägten Süden bezeugt. Williams war ein Kind des Südens. Als er im Alter von sieben Jahren aus seinem Umfeld gerissen und in den Norden verpflanzt wurde, traf ihn dies wie ein Schock. Zeitlebens betrachtete er den Süden als seine Heimat und die Faszination, die von dieser Region ausging, ließ ihn nie los. Fast all seine Stücke spielen daher auch in den Südstaaten.

In *Streetcar* ist New Orleans Schauplatz der Handlung. Für viele ist dieser Ort heute verbunden mit einer der größten Naturkatastrophen der westlichen Welt. Der Hurrikan Katrina verursachte im August 2005 eine Überflutung der Stadt und bedeutete für Zigtausende nicht nur den Verlust ihres Besitzes. Die Katastrophe zeigte auch, dass in den USA noch immer eine Kluft zwischen zwei Gesellschaftsschichten – den armen Schwarzen und den reichen Weißen – besteht. 2005 versank das alte New Orleans in den Fluten. Doch als Williams das Stück 1947 schrieb, empfand er New Orleans – eine Stadt, die er sehr liebte – als einen kosmopolitischen Ort, an dem die Rassen friedlich zusammen lebten.

In diesen Schmelztiegel der Rassen verpflanzt Williams seine Hauptfigur Blanche DuBois. Von der Kleinstadt Laurel verschlägt es sie in ein ärmliches Viertel der umtriebigen Großstadt. Aller Mittel beraubt (kein Geld, kein Durchsetzungsvermögen) und unfähig bzw. unwillig zur Anpassung, ist Blanche Stanley schutzlos ausgeliefert. Die Repräsentantin des alten Südens sieht sich machtlos der ursprünglichen Kraft und Gewalt der neuen Zeit gegenüber. In Blanche DuBois wird gezeigt, dass die Zeit der Aristokratie der Südstaaten, die von Besitz und Wohlstand, von Kultur und Vornehmheit gekennzeichnet war, vorbei ist. Der alte Süden ist ausgezehrt und hat der aufstrebenden modernen Industriegesellschaft nichts entgegen zu setzen.

4.3 Sexualität

Die Tatsache, dass die Südstaaten insgesamt relativ konservativ geprägt sind, hat auch Auswirkungen auf die Einstellung zu Sexualität und zur Rolle der Geschlechter. Auch bei der Analyse dieser Thematik ist Vorsicht geboten:

> *Mr Williams is not writing of representative men and women; he is not a social author absorbed in the great issues of his time, and, unlike timely plays, 'Streetcar' does not acquire stature or excitement from the world outside the theatre.*[14]

Williams wollte also keine aktuellen Probleme aufgreifen, etwa für eine sexuell offenere Gesellschaft eintreten oder für eine Akzeptanz gleichgeschlechtlicher Beziehungen plädieren. Es wäre also verfehlt, *A Streetcar Named Desire* vom heutigen modernen Standpunkt aus zu beurteilen. Stattdessen muss man den Charakteren so, wie sie auf der Bühne erscheinen, in ihrer zeitlichen und lokalen Bedingtheit, gerecht werden. Die individuellen Probleme der Figuren entstehen aus der Nonkonformität (Nichtübereinstimmung) ihrer Ansichten und Einstellungen mit den in der Gesellschaft vorherrschenden. Dies gilt auch für das Thema Sexualität, das wiederum mit Williams' eigener Biografie verknüpft ist. Schon in seiner Jugend stellte er fest, dass er sich zum männlichen Geschlecht hingezogen fühlte. Doch erst bei seinem Aufenthalt in New Orleans kam es zu ersten homosexuellen Kontakten. "His first homosexual experience, he claimed, was unforeseen, and with a stranger for whom he at once developed a tender affection."[15] Der 27-Jährige erfuhr im Vieux Carré, dem alten französischen Viertel der Künstler und Bohemiens, einen neuen Lebensstil, der so ganz anders war als der, den er im konservativen Pfarrhaus seines Großvaters und seiner Mutter kennengelernt hatte. In der Großstadt spürte er eine Befreiung, die ihm in der puritanischen Weltsicht der alten Pflanzeraristokratie versagt geblieben war. In *A Streetcar Named Desire* ist Allan Grey zur Heimlichkeit gezwungen. Blanche trifft Allans Homosexualität wie ein Schock, und sie kann damit nicht umgehen. In der Gesellschaft der 40er-Jahre des 20. Jahrhunderts war Sexualität tabu und Homosexualität wurde als Entartung angesehen. Stella nennt Allan daher auch „a degenerate" (S. 112, Z. 12 f.). Erst später, nach Allans Selbstmord, erkennt Blanche, wie verständnislos und grausam ihr Verhalten war.

Auch für Blanche ist ihre Sexualität ein Problem. Erst im Laufe des Stücks erfährt der Zuschauer etwas über Blanches Vergangenheit in diesem Bereich. Auf der Suche nach Zuneigung und einem Partner lässt sie sich mit immer mehr Männern ein, sodass sie schließlich als *town whore* („Stadthure") aus Laurel vertrieben wird. Sie unterdrückt ihre sexuellen Wünsche, da sie als tugendhafte Lady behandelt werden möchte. Gleichzeitig zeigt sie aber mit ihrer frivolen Art und ihrem Spiel mit dem Feuer ein wenig tugendhaftes Verhalten. Beim Flirt mit dem Zeitungsjungen testet sie ihre weibliche Ausstrahlung und Attraktivität, und Mitch fordert sie auf Französisch auf, mit ihr ins Bett zu gehen. Auch zu Stanley hat sie ein ambivalentes Verhältnis. Zwar bezeichnet sie ihn als „ape" und „survivor of the stone age"

(S. 74, Z. 13 ff.), doch sie flirtet auch mit ihm, neckt ihn (vgl. S. 36, Z. 6 ff.) und besprüht ihn mit Parfüm (S. 39, Z. 18). Stets nimmt sie jedoch ihre Rolle der unnahbaren Lady wieder auf. Selbst in der letzten Szene, bei ihrem Abgang mit dem Nervenarzt, schreitet sie erhobenen Hauptes durch die in ihren Augen primitive Pokerrunde. Williams macht deutlich, dass die Unterdrückung sexueller Wünsche und Bedürfnisse *(desire)* Verwirrung und Frustration erzeugt: "The dualism that forces the human to deny his body's claims in order to save his soul warps *[verdrehen, entstellen]* him – or her."[16] Die beiden Ehepaare Stanley und Stella sowie Steve und Eunice fungieren als Beispiele für die Menschen, die ihre Sexualität voll ausleben. Doch die Reduzierung auf diese Ebene lässt sie als lediglich von Trieben gesteuerte Wesen und nicht als voll entwickelte Persönlichkeiten erscheinen. In diesem Sinne bezeichnet Blanche Stanley als „animal" (S. 74, Z. 13 ff.) – auch Stella hat dieses Wort verwendet (vgl. S. 58, Z. 16). Für Williams ist ein vollwertiger glücklicher Mensch jemand, der beide Seiten seiner Natur miteinander verbinden und in Einklang bringen kann: die geistige *(spirituality)* und die sexuelle Dimension *(sexuality)*. Dies gelingt weder Blanche, die ihre Sexualität unterdrückt, noch Stanley, der auf seine Triebhaftigkeit reduziert ist. Damit der Mensch beide Seiten seiner Natur ausleben kann, bedarf es einer offenen, toleranten Gesellschaft, die zu der Zeit, als Tennessee Williams *Streetcar* schrieb, nicht existierte.

4.4 Darstellung psychischer Probleme

Tennessee Williams sagte über die Hauptfigur seines Schauspiels: "I can identify completely with Blanche [...] we are both hysterics"[17] und sprach damit einen weiteren Aspekt an, den sein Drama aufzeigt. Statt von „Hysteriker" und „Hysterie" spricht man heute von „Histrioniker" bzw. einer „histrionischen

Persönlichkeitsstörung (HPS)“ und meint damit ein egozentrisches und theatralisches Verhalten, das sich in Stresssituationen in Aggressivität entlädt. Des Weiteren ist auch das Selbstwertgefühl dieser Personen eher schwach ausgeprägt, sodass sie auf Bestätigung durch das Umfeld angewiesen sind. Um diese Bestätigung zu erreichen, neigen sie zu exzessiver Selbstdarstellung.[18] Diese Verhaltensweise lässt sich bei Blanche leicht aufzeigen. In den ersten Szenen kokettiert sie mit ihrem Aussehen und fordert Stella und auch Stanley auf, ihr Komplimente zu machen. Stella entspricht dieser Aufforderung, während Stanley eher abweisend reagiert (vgl. S. 37, Z. 10). Durch die Art ihres dominanten Auftretens und ihre auffällige Kleidung (“clothes are my passion!”, S. 36, Z. 25) bestätigt sie die oben dargelegte Persönlichkeitsbeschreibung. Fehlt die Bestätigung von außen, so sucht Blanche Zuflucht in Träumen, Fantasien und Illusionen. Sie will bewusst die Realität ausblenden:

> *I don't want realism. [...] I'll tell you what I want. Magic! [...] I try to give that to people. I misrepresent things to them. I don't tell truth, I tell what* ought *to be truth.* (S. 130, Z. 6 ff.)

In einigen Momenten weiß Blanche, wie es eigentlich um sie steht. Sie erkennt ihre Außenseiterposition, ihre missliche finanzielle Lage, wenn sie sich beschreibt als „one of those poor relations you've heard about“ (S. 88, Z. 3 f.) Dennoch verdrängt sie diese Einsicht immer mehr und flüchtet in ihre Traumwelt. So möchte sie z. B. Mitch mitnehmen auf eine Fantasiereise an die Seine: “We are going to be very Bohemian. We are going to pretend that we are sitting in a little artists' cafe on the Left Bank in Paris!” (S. 94, Z. 24 ff.). Alkohol wird zu ihrem ständigen Begleiter und Tröster – ihre Abhängigkeit versucht sie vor anderen zu verbergen. Sie bedient sich heimlich, verwischt ihre Spuren und behauptet: “I – rarely touch it.” (S. 26, Z. 20). Allmählich verliert Blanche den Kontakt zur Wirklichkeit und gerät in eine Isolation, aus der es immer schwerer wird herauszukommen.

Ihre verzweifelte Kontaktsuche, ihr ruheloses Umherziehen von Hotel zu Hotel endet immer häufiger mit Enttäuschung. Auch hier zeigt sich eine Parallele zu Williams, der nie sesshaft wurde. Blanche findet nicht, was sie sucht, und versinkt mehr und mehr in ihrer eigenen Welt. Zudem offenbart Blanche von Anfang an ihre nervliche Anspannung und emotionale Unausgeglichenheit. Die Extrovertiertheit, die Sucht nach Anerkennung, verbunden mit Anspannung und Nervenschwäche, machen Blanches Katastrophe nahezu unausweichlich. Zwar versucht sie, Selbstbeherrschung zu bewahren, da sie ihre Zerstörung voraussieht, aber es gelingt ihr nicht, über ihren eigenen Schatten zu springen. In diesem Sinne ist sie eine tragische Figur, die ihren eigenen Untergang herbeiführt und die unser Mitgefühl verdient.

In der Figur der Blanche hat Tennessee Williams seiner Schwester Rose ein Denkmal gesetzt, die schon in jungen Jahren Anzeichen von geistiger Verwirrung zeigte und nach einer verhängnisvollen Operation endgültig in den Wahnsinn versank. Roses Schicksal lastete schwer auf Tennessee Williams; und zeitlebens befürchtete er, den Verstand zu verlieren: "He always knew that the only thing that kept him from sharing Rose's fate was the hair's breadth of accident *[Zufall]*"[19] Diese intensive Erfahrung und die Identifikation mit einer hypersensiblen Persönlichkeit versetzte Tennessee Williams in die Lage, mit Blanche DuBois eine der bemitleidenswertesten Bühnenfiguren zu schaffen und dem Publikum die Augen für psychische Probleme zu öffnen.

5 Interpretation von Schlüsselstellen

Szene 3

Handlungszusammenhang: Blanche und Stella sind vor der Pokerrunde geflüchtet und haben sich gemeinsam einen schönen Abend gemacht. Als sie spät in der Nacht zurückkehren, wird immer noch gespielt. Stella und Blanche ziehen sich ins Schlafzimmer zurück, während Stanley mit seinen Freunden in der Küche weiter Karten spielt. Blanche lernt Mitch kennen, beide entdecken erste Gemeinsamkeiten und entwickeln gegenseitige Sympathie. Stanley ist immer mehr genervt, da er sich beim Kartenspiel gestört fühlt, insbesondere als die Frauen im Nebenzimmer Musik hören. Er wird aggressiv, wirft das Radio aus dem Fenster und schlägt Stella. Entsetzt flüchten Stella und Blanche zu Eunice. Während Stella am Ende der Szene zum reumütigen Stanley zurückkehrt, sitzt Blanche fassungslos zusammen mit Mitch auf der Treppe vor dem Haus.

Verlauf und Bedeutung: Die dritte Szene, die den Titel *The Poker Night* trägt, kann als Keimzelle des Dramas angesehen werden. Williams hatte seine Idee, den Konflikt zwischen grobschlächtigen, primitiven Pokerspielern und zwei sensiblen Südstaatendamen zu zeigen, im Laufe der Jahre weiter ausgearbeitet. Kurz vor der Aufführung änderte er den ursprünglich vorgesehenen Titel in *A Streetcar Named Desire.* Dass nun Szene 3 mit diesem Titel überschrieben ist, unterstreicht deren besondere Bedeutung als Schlüsselstelle des Dramas. In den Bühnenanweisungen schreibt Williams, dass er sich die Szenerie vorstellt wie im Gemälde „Nachtcafé in Arles“ von Vincent van Gogh.

Der Maler beschreibt sein Bild wie folgt:

> *Ich habe versucht, mit Rot und Grün die schrecklichen menschlichen Eigenschaften auszudrücken. Der Raum ist blutrot und mattgelb, ein grünes Billard in der Mitte, vier zitronengelbe Lampen mit orangefarbenen und grünen Strahlenkreisen [...] Ich habe versucht, den Gedanken auszudrücken, dass das Café ein Ort ist, an dem man sich ruinieren, verrückt werden oder ein Verbrechen begehen kann.*[20]

Vincent van Gogh: Nachtcafé in Arles, 1888.

Williams dachte vor allem an die hervorstechende Wirkung, die durch die intensiven Farben Rot und Grün erzeugt wird. Dementsprechend verlangt er in der Regieanweisung für die Pokerrunde in der Küche „primary colours" (S. 45, Z. 11 f.), d. h. Grundfarben, und grelles Licht, während die Beleuchtung im Schlafzimmer relativ dunkel und schwach sein soll. Gemäß seiner Auffassung des *plastic theater* gestaltet Williams die Szene so, dass dem Zuschauer durch Licht und Farbgebung der Kontrast zwischen den zwei verschiedenen Welten klar vor Augen geführt wird. Auf der einen Seite sieht man grell und kräftig die männliche Pokerrunde, auf der anderen die Frauen Blanche und Stella zart im Halbdunkel. Auch die Musik aus dem Radio (Rumba, Wiener Lied) und aus der Bar in der Nachbarschaft (Paper Doll, „slow and blue“, S. 60, Z. 17) wird in dieser Szene zur Unterstreichung der Handlung eingesetzt.

In Szene 3 führt Tennessee Williams einige Elemente ein, die für den weiteren Handlungsverlauf von Bedeutung sind. Die Szene zeigt Stanleys brutale Männlichkeit, das besondere Verhältnis zwischen Stella und Stanley sowie die erste Begegnung von Blanche und Mitch.

Stanleys brutale Männlichkeit: Stanley Kowalski ist der absolute Herrscher in seinem Reich, er gibt den Ton an – zu Hause und bei seinen Freunden. In der achten Szene gibt er Blanche dies sehr deutlich zu verstehen: “And I am the king around here, so don’t forget it!” (S. 118, Z. 25 f.). Was Familie und die Beziehung der Geschlechter angeht, so ist er geprägt vom traditionellen Rollenverständnis. Der Mann sorgt als Oberhaupt der Familie für den Unterhalt – zu Beginn der ersten Szene wirft er Stella ein Stück Fleisch zu –, und die Frau kümmert sich um Haushalt und Kinder. Auch bei seinen Freunden ist Stanley der unumstrittene Wortführer. Mitleidlos fährt er Mitch an, der sich auf den Heimweg machen will, weil er sich um seine kranke Mutter sorgt (“Shut up”, S. 46, Z. 21), “Aw, for God’s sake, go home, then!” S. 47, Z. 6). Ungeduldig unterbricht er einen Mitspieler, der einen Witz erzählt, und mahnt ihn, endlich die Karten auszuteilen. Als Blanche bei ihrem Eintreten den Spielern vorsorglich sagt, sie bräuchten nicht aufzustehen, erwidert er kalt: “Nobody’s going to get up, so don’t be worried.” (S. 48, Z. 19). Er lässt sich von niemand etwas sagen, ist direkt, unhöflich und grob. Stanley dominiert sein Umfeld derartig, dass sich keinerlei Widerspruch regt. Im Laufe der Szene steigert sich sein aggressives Verhalten, auch unter Einfluss von Alkohol, von verbaler zu physischer Gewalt. Zunächst richtet sie sich gegen Sachen, dann gegen Personen. Auslöser der verhängnisvollen Entwicklung ist das Erscheinen der beiden Frauen. Für Stanley sind sie Eindringlinge in seinen Herrschaftsbereich. Sie stören die Männerrunde und machen zudem einen Mitspieler, den weichlichen Mitch, abspenstig. Als die Frauen zu ihrer Unterhaltung das Radio anstellen, explodiert er, schnappt sich das kleine Radio und wirft es aus dem Fenster. Hier greift Stella ein, will die Pokerrunde auflösen und beschimpft Stanley. Jetzt entlädt sich Stanleys ganze Frustration ausgerechnet gegen die Person, die er wirklich braucht. Außer sich vor Zorn schlägt er seine junge schwangere Frau. Die Tat ereignet sich „off stage", d. h. hinter der Bühne – wie auch die Vergewaltigung in Szene 10. Noch, so scheint es, wagt er es nicht, seine Aggression gegen Blanche, die ja die eigentliche Verursacherin der Störungen ist, zu richten. Noch weiß Stanley nichts Genaues über Blanches Vergangenheit. Seine Nachforschungen sind erst im Gange. Erst nachdem er den unmoralischen Lebensstil und die Lügen seiner Schwägerin aufgedeckt hat, fällt die Hemmung, Blanche zu zerstören.

Verhältnis zwischen Stella und Stanley: Blanche, Stella und auch die Pokerfreunde reagieren mit Entsetzen auf Stanleys Ausrasten. Blanche sorgt sich um Stellas Schwangerschaft, die Freunde packen den Wütenden und versuchen ihn durch eine kalte Dusche wieder nüchtern zu bekommen. Stella, die sich noch hinter der Bühne befindet, schreit: "I want to go away, I want to go away!" (S. 59, Z. 13 f.). Blanche bringt ihre Schwester zu Eunice in Sicherheit. Der wieder etwas nüchterne und zu Verstand gekommene Stanley winselt und brüllt schließlich wie ein verletztes Tier. Er ruft, schreit, brüllt Stellas Namen. Selbst wenn es ihm nicht wirklich bewusst wird, was er getan hat, so spürt er doch, zu welcher Untat er sich hat hinreißen lassen und scheint dies zu bereuen. Der König hat einen Untertan – noch dazu seinen liebsten – verloren. Auch in seiner tiefen Verzweiflung und wahrscheinlich aus Selbstmitleid macht er Besitzansprüche geltend. Dann geschieht das für Außenstehende – und insbesondere für Blanche – Unfassbare. Die gedemütigte Stella erscheint und geht langsam zu ihren Mann zurück, der vor ihr auf die Knie geht und sie anschließend wie eine Beute davonträgt (vgl. S. 62, Z. 16 ff.). In der folgenden Szene, die am nächsten Morgen spielt, wird klar, dass die Eheleute sich in der Nacht versöhnt haben. Im Unterschied zu ihrer Schwester akzeptiert Stella die Situation, in der sie lebt, sowie die Launen und Gewaltausbrüche ihres Mannes. Sie ist keine Rebellin, sondern die fügsame Ehepartnerin, die vielleicht nicht verzeiht, aber zumindest hinwegsieht oder verdrängt. Daher legt sie sich auch Ausreden zurecht, damit sie am Ende selbst nach der Vergewaltigung von Blanche bei Stanley bleiben kann. Insofern hat auch Stella ihre Lebenslüge. Das sexuelle Band zwischen Stanley und Stella ist aber so stark, dass selbst Extremsituationen sie nicht trennen können.

Die erste Begegnung von Blanche und Mitch: Mitch unterscheidet sich durch sein zurückhaltendes und freundliches Verhalten von den anderen Spielern der Pokerrunde. Aufgrund seiner sensiblen Art und der Sorge um seine Mutter wird er von Stanley und seinen Kumpanen als Muttersöhnchen verspottet. Er hat eine unglückliche Beziehung hinter sich und sucht einen Ausweg aus der Vereinsamung. Er ist fasziniert von Blanche und erblickt in ihr die Person, mit der er glücklich werden könnte. Blanche wiederum findet Mitch sympathisch, weil er so ganz anders ist und sich von der übrigen Männergesellschaft positiv abhebt. Nach ihren traurigen Erfahrungen mit Männern in der Vergangenheit könnte Mitch Blanche zu einem Neuanfang verhelfen. Sie spürt das sofort, denn sie will gleich von Stella wissen, ob er verheiratet oder ein Schürzenjäger ist, d. h. ob er für sie als Kandidat in Frage kommt. Wie üblich spielt sie auf ihr Äußeres an und lügt in Bezug auf ihr Alter. Sie merkt wohl, dass ihr Mitch in seiner etwas unbeholfenen Art unterlegen ist, sodass sie leichtes Spiel mit ihm haben wird. Trotzdem – und vielleicht gerade deshalb – fühlt sie sich zu ihm hingezogen. Stanleys Gewaltausbruch und Stellas Reaktion darauf treibt sie noch weiter in die Arme von Mitch. Blanche ist entsetzt und geschockt, als Stanley ihre Schwester schlägt. Noch tiefer getroffen wird sie allerdings, als sie sieht, dass Stella zu ihrem Peiniger zurückkehrt. Sie versteht die Welt nicht mehr und fühlt ihre Einsamkeit stärker denn je. Darum bekennt sie: "I need kindness now." (S. 63, Z. 25) und sucht Mitchs Nähe. Bei ihm glaubt sie diese Güte und Zuneigung zu finden. „Kindness" ist für Blanche ein Schlüsselwort. Sie verwendet es auch ganz am Ende des Stücks, als sie sich in die Obhut des Nervenarztes begibt: "I have always depended on the kindness of strangers." (S. 159, Z. 11 f.).

Ein weiteres wichtiges Motiv wird in dieser Szene eingeführt. Blanche hasst das grelle Licht, das die Glühbirne im Raum ausstrahlt, und hat daher einen Papierlampenschirm besorgt. Für Blanche dient er als Schutz, der sie gegen Grobheit und Pöbelhaftigkeit abschirmt. In gedämpftem Licht kann sie ihr wahres Alter und ihre verblassende Schönheit verbergen. Sie bittet Mitch, den Schirm anzubringen. Später, in Szene 9, ist es wieder Mitch, der den Schutzschirm wütend herunterreißt. Er will Blanche bei Licht sehen, sie bloß stellen, nachdem er über ihre Vergangenheit informiert ist.

Szene 7

Handlungszusammenhang: Szene 7, in der zuerst nur Stanley und Stella auftreten, spielt Mitte September, vier Monate nach der vorhergehenden. In Szene 6 waren sich Blanche und Mitch näher gekommen, und Mitch hatte eine gemeinsame Verbindung in Aussicht gestellt. Nun wurde zu Blanches Geburtstag eine kleine Feier vorbereitet, an der vier Gäste teilnehmen sollen: Blanche, Stella, Stanley und Mitch. Während Blanche ein Bad nimmt, klärt Stanley Stella – und die Zuschauer – über Blanches wenig schmeichelhafte Vergangenheit auf. Auch Mitch wurde bereits informiert. Als Blanche aus dem Bad erscheint, versucht Stella noch die Wahrheit über die letzte Entwicklung zu verheimlichen. In der anschließenden 8. Szene findet die misslungene Geburtstagsfeier statt, zu der Mitch nicht erscheint. Darüber hinaus übergibt Stanley Blanche sein „Geburtstagsgeschenk", die Busfahrkarte zurück nach Laurel. Blanche ist so geschockt, dass ihr übel wird, und bei Stella setzen die Wehen ein.

Verlauf und Bedeutung: Die Szene erfüllt mehrere Funktionen. Zum einen informiert sie Stella und die Zuschauer über Blanches wahre Vergangenheit. So wird der Höhepunkt in der nächsten Szene vorbereitet, in der Blanche mit dieser für sie bitteren Wahrheit konfrontiert wird und ihr Traum von einem Neubeginn mit Mitch zerplatzt. Außerdem zeigt sich hier Stanleys Entschlossenheit, bis zum Äußersten zu gehen, um den Eindringling Blanche wieder loszuwerden. Stella dagegen versucht erfolglos, um Nachsicht für Blanches Verhalten zu werben.

Stanley deckt Blanches Vergangenheit auf: Gleich zu Beginn der Szene wird Stanleys Abneigung gegen Blanche deutlich. Er äfft einige ihrer Äußerungen nach und gibt zu erkennen, dass er sie für eine überdrehte Schnorrerin hält, die Stellas Gutmütigkeit ausnützt. Es ärgert ihn, dass Stella so fraglos auf all ihre Wünsche eingeht. Stanley bezeichnet sie verächtlich als „Her Majesty" (S. 105, Z. 20) oder nennt sie „Dame Blanche" (S. 108, Z. 3). Während Blanche wieder einmal badet, breitet Stanley triumphierend die Wahrheit über Blanches Vergangenheit vor Stella aus. Durch die Nachforschungen seiner Bekannten ist er nun in der Lage, Stellas Schwester als Prostituierte, als Verführerin Jugendlicher und als Lügnerin zu entlarven. Stanley zeigt die Waffen, die er sich verschafft hat, um Blanche, die ihm ihrerseits mit Verachtung begegnet, zu beseitigen. Für ihn ist sie ein Eindringling in seine Welt, der seine Alleinherrschaft bedroht. Jetzt fühlt er sich endlich in der Lage, die alte Situation, nämlich die vertraute Zweisamkeit mit Stella, wiederherzustellen. Was dies für Blanche bedeuten wird, interessiert ihn nicht; er zeigt keinerlei Mitgefühl. Er spielt Gott und entscheidet über Blanches Schicksal. Er weicht auch nicht davor zurück, sie vollends in die Hoffnungslosigkeit zu stoßen, da Mitch bereits über alles informiert ist. Sein alter Kumpel, so Stanley, solle nicht in die Fänge von Blanche geraten.

Stellas Reaktion: Stella begegnet Stanleys Enthüllungen zunächst zurückhaltend, sie bringt Erklärungen und Entschuldigungen für Blanches Eigenarten vor. Um ihre Schwester zu entlasten, weist sie auf ihre Herkunft hin ("[...] Blanche and I grew up under very different circumstances [...]", S. 106, Z. 8 f.), bezweifelt die Glaubwürdigkeit von Stanleys Informanten und klärt Stanley über Blanches tragische Ehe mit einem Homosexuellen auf. Doch Stanley akzeptiert all das nicht, sondern ist entschlossen, Blanche den Todesstoß zu versetzen. Er will sie aus dem Haus werfen und vor vollendete Tatsachen stellen, indem er ihr eine Rückfahrkarte nach Laurel vorlegt – und das, obwohl er weiß, dass sie der Stadt verwiesen wurde: "*She'll go!* Period. P.S. She'll go *Tuesday*!" (S. 114, Z. 13). Das bezeichnet er als sein Geburtstagsgeschenk für seine Schwägerin. Stella ist schockiert, ahnt jedoch sofort, wie gefährlich die Lage für ihre Schwester zu werden droht. Sie wird den Boden völlig unter den Füßen verlieren, sollte Mitch sie verlassen und sollte sie mittellos nach Laurel zurückgeschickt werden. Sie macht sich große Sorgen: "what will she do!" (S. 114, Z. 5), ruft sie mehrmals hilflos aus. Sie weiß, dass Blanche allein nicht überleben kann, und sucht nach einer Möglichkeit, sie zu schützen. Hier wird vorbereitet, dass Stella nur Blanches Einlieferung in eine Nervenklinik als einzigen Ausweg sieht. In Szene 7 werden somit noch einmal die unterschiedlichen Einstellungen von Stanley und Stella gegenüber der schwachen, sensiblen Blanche veranschaulicht.

Stanley will sie mitleidlos verstoßen, während Stella versucht, sie zu verstehen und ihr zu helfen. Da bereits deutlich wurde, dass Stanley der Stärkere ist und sich durchsetzen wird, ist hier die bevorstehende Katastrophe bereits angedeutet.

Formale Besonderheiten: Formal ist die Szene sehr effektvoll gestaltet. Aus seiner Zeit als Drehbuchautor kennt Williams filmische Techniken und setzt diese auch in seinen Dramen ein. Hier fällt vor allem die filmische **Schnitttechnik** auf. Die vorhergehende Szene 6 endete mit der Aussicht, dass Mitch und Blanche sich gegenseitig stützen und einen gemeinsamen Lebensweg beginnen könnten. Die Zuschauer sind also gespannt, ob und wie es dazu kommen wird. In der Filmsprache nennt man diesen Kunstgriff *cliffhanger*, d. h. die Szene endet – wie oft in *soap operas* – auf einem Höhepunkt der Handlung. Die Fortsetzung folgt in der nächsten Szene, die an die eben erzeugten Erwartungen anknüpft. Stanleys Enthüllungen wirken so auf die Zuschauer ähnlich bestürzend wie auf Stella. Sie werden immer klarer erkennen, dass Blanche unausweichlich auf eine Katastrophe zusteuert. Die filmische Schnitttechnik zur Steigerung der Spannung setzt Tennessee Williams auch innerhalb der Szene ein. Gerade als Stanley Stella darüber aufklärt, dass Blanche aus ihrer Heimatstadt ausgewiesen wurde, und man gespannt auf Stellas Reaktion ist, erscheint Blanche aus dem Bad, um sich ein weiteres Handtuch zu erbitten. Stella muss ihre Reaktion zurückhalten und sich verstellen. Ähnlich reagiert sie am Ende der Szene, als Blanche fröhlich und erfrischt auftritt. Sie sieht Stellas betretenes Gesicht und spürt, dass etwas passiert sein muss. Stella weicht ihr aus, „pretends to be busy“ (S. 115, Z. 12), Schnitt – Ende der Szene. Damit steigt die Spannung. Hinzu kommt, dass Williams hier den Zuschauern einen Informationsvorsprung Blanche gegenüber verschafft. Wie Stanley und Stella kennen sie jetzt die Wahrheit und sind gespannt, wie Stanley

Blanche mit den Ergebnissen seiner Nachforschungen konfrontieren wird, und vor allem, wie Blanche darauf reagieren wird.

In Szene 7 wird das Mittel des **Kontrasts** eingesetzt. Während Stanley Blanches dunkle Seiten an die Oberfläche zerrt, singt Blanche im Bad fröhlich wie ein unschuldiges Kind eine Ballade. Es ist das Lied *It's Only a Paper Moon*, das von einer Scheinwelt handelt, in der der Mond aus Papier ist, das Meer aus Pappe und der Himmel aus Segeltuch (vgl. S. 107 ff.). Durch den Glauben an den Anderen, durch Liebe, könnte diese Scheinwelt Realität werden: "But it wouldn't be make-believe / If you believed in me." (S. 107, Z. 17 f.). Auch Blanche lebt in einer Illusion, aus der sie nur herausfinden kann, wenn sie Liebe findet. Als Blanche dieses Lied singt, singt sie von sich selber und lebt noch in der Hoffnung, dass Mitch dieser Liebende sein wird, der sie erlöst. Während sie noch voller Zuversicht auf eine bessere Zukunft ist, zerstört Stanley brutal diese Wunschvorstellung. Durch die parallel verlaufenden kontrastiven Handlungsstränge werden die gegensätzlichen Welten eindrucksvoll dargestellt.

Szene 10

Handlungszusammenhang: Szene 10 zeigt das Aufeinandertreffen der beiden gegensätzlichen Charaktere und endet mit der endgültigen Zerstörung Blanches. In der vorhergehenden Szene flehte Blanche vergeblich Mitch an, sie zu heiraten. Zu Beginn ist sie allein in der Wohnung, bis der leicht angetrunkene Stanley auftaucht. Er wurde von den Ärzten nach Hause geschickt, um hier die Geburt seines Kindes abzuwarten. Blanche berichtet Stanley von einer angeblichen Einladung zu einer Kreuzfahrt. Es scheint sich zunächst ein friedliches Nebeneinander zu entwickeln. Doch das Blatt wendet sich, und es kommt zur Konfrontation, die mit der Vergewaltigung Blanches durch Stanley endet.

Aufeinandertreffen der Gegensätze: Zunächst werden noch einmal die beiden so unterschiedlichen Typen vorgestellt. Die Zuschauer erleben, wie bisher zurückgehaltene Frustrationen auf beiden Seiten offen zum Ausbruch kommen und zur Katastrophe führen. Zu Beginn der Szene ist Blanche allein in der Wohnung, da Stanley mit Stella im Krankenhaus ist. Sie befindet sich am Tiefpunkt ihres Lebens, fühlt sich einsam und verlassen. Ihre letzte Hoffnung, die Heirat mit Mitch, wird sich nicht erfüllen. Hier zeigt sich erneut, wie Blanche in einer verzweifelten Lage reagiert. Mit den für sie typischen Mitteln versucht sie mit der Enttäuschung fertig zu werden. Sie trinkt, verdrängt die Wirklichkeit und flüchtet in eine Traumwelt. In ihrer Vorstellung befindet sie sich in einer lustigen Gesellschaft von Freunden, die sie zu einem nächtlichen Schwimmausflug animieren möchte (vgl. S. 136, Z. 14). Wie üblich hat Blanche in Gedanken ihren Auftritt als große Dame. Sie staffiert sich spektakulär aus mit extravaganter Kleidung und ausgefallenem Schmuck. Doch alles ist nur Fassade. In Wahrheit sind die Kleidungsstücke aus ihrem Koffer zerknittert und abgetragen; der Schmuck ist billiger Modeschmuck. Stanley tritt auf, und die Gegensätze in der Natur der beiden Figuren werden noch einmal deutlich gezeigt. Blanche legt Wert auf Äußeres, daher beschäftigt sie die Auswahl der Kleider für die Kreuzfahrt (vgl. S. 138, Z. 14). Stanley dagegen ist in dieser Beziehung sehr nachlässig. Brutal öffnet er den Verschluss einer Bierflasche an der Tischkante und lässt den herausschießenden Schaum über sich fließen. Blanche ist auf Anstand und Schicklichkeit bedacht. Sie mahnt Stanley, als der sein Hemd auszuziehen beginnt, die Vorhänge zu schließen. Es macht ihm Spaß, die feine Dame mit seinem groben Verhalten zu schockieren. Mit ihrer Mitteilung, sie sei zu einer Kreuzfahrt eingeladen, will Blanche Stanley beeindrucken. Doch der nimmt dies ziemlich unbeeindruckt auf.

Steigerung zur Katastrophe: Die Stimmung der beiden Protagonisten ändert sich im Laufe der Szene völlig. Am Anfang lebt Blanche selbstzufrieden in ihrer Illusion, Shep Huntleigh würde sie zu einer Kreuzfahrt abholen, d. h. sie aus ihrem Elend befreien. Mit Hilfe von Alkohol bringt sie sich in eine ausgelassene und übertriebene Hochstimmung (vgl. S. 136, Z. 7). Diese Gefühlslage ändert sich, als Stanley hinzukommt. Blanche fühlt sich belästigt und klagt, dass sie in ihrem Wert verkannt worden sei und man sie ungerecht behandelt habe: “How strange that I should be called a destitute *[arm]* woman! When I have all those treasures locked in my heart.” (S. 141, Z. 11 f.). Ihr Ton wird immer aggressiver, und sie beschuldigt Mitch und Stanley, sie zu verleumden und grausam zu behandeln. Mit dieser Anklage setzt sie die Änderung in Stanleys Haltung und Gemütsverfassung in Gang. Der war anfangs recht freundlich, neckte sie ein bisschen, bleibt aber relativ zurückhaltend. Doch als Blanche ihn beschimpft, bricht es aus ihm heraus. Jetzt geht er nicht mehr stillschweigend über Blanches Aussagen hinweg, sondern sagt ihr auf den Kopf zu: “There isn’t no millionaire! And Mitch didn’t come back” (S. 142, Z. 19 f.). Er zerstört Blanches Illusion, die dadurch ihre gespielte Selbstsicherheit verliert und in wilder Panik Hilfe sucht. Sie greift zum Telefon, doch sie erreicht niemanden. Blanche ist machtlos, fühlt sich schutzlos ausgeliefert. Stanley ergötzt sich an der wilden Angst, in die er Blanche versetzt hat, und wird immer aggressiver. Er ist sich seiner Beute sicher und umschleicht die verängstigte Blanche. Diese steigert seine Lust noch mehr, als sie Widerstand zu leisten versucht, indem sie sich mit einem abgeschlagenen Flaschenhals gegen ihren Aggressor wendet. Doch Blanches Abwehrversuch ist nur noch ein letztes, vergebliches Aufbäumen. Die Kräfte verlassen sie, und starr und leblos wird sie zum Opfer Stanleys, der sich am Ziel weiß und in seiner Handlung bestätigt fühlt: “We’ve had this date with each other from the beginning!” (S. 146, Z. 25 f.).

Er besiegelt so Blanches Schicksal, ihren Absturz in den Wahnsinn. In der folgenden Szene 11, der letzten des Stücks, zeigt der Autor, dass Blanche die Vergewaltigung körperlich überstanden hat, dass sie jedoch die seelischen Verwundungen der Erniedrigung nicht zu verwinden vermag.

Formale Besonderheiten: Williams veranschaulicht die Steigerung zum Höhepunkt auf mehreren Ebenen. Musik spielt eine große Rolle, ebenso Bühnenbeleuchtung, Positionen und Bewegungen der Personen auf der Bühne. Die Wege von Blanche und Stanley kreuzen sich mehrfach, bis es zur endgültigen Konfrontation kommt. Zunächst sind beide in getrennten Zimmern: Blanche im Schlafzimmer, Stanley in der Küche. Stanley betritt kurz das Schlafzimmer, um sich seinen Seidenpyjama zu holen; es kommt zur ersten Begegnung, die Blanche erschrecken lässt. Stanley zieht sich wieder zurück. Nachdem er Blanche der Lüge bezichtigt hat, dringt er ins Schlafzimmer ein. Blanche will ihn abwehren und Stanley verschwindet ins Bad, um sich umzuziehen. Blanche betritt vorsichtig die Küche, kehrt aber wieder zurück. Als Stanley aus dem Bad erscheint, umschleicht er Blanche wie ein Tier seine Beute. Blanche ist der Ausweg versperrt. Sie fleht vergeblich: "Let me – let me get by you!" (S. 145, Z. 15 f.). Die Musik im Hintergrund unterstreicht die dramatische Entwicklung. "It continues softly throughout the scene" (S. 137, Z. 5 f.), heißt es in der Regieanweisung. Kurz vor der Katastrophe steigert sich die Melodie des *blue piano* zum Donnern einer herannahenden Lokomotive, schwillt wieder ab, und eine Trompete und ein Schlagzeug ertönen laut am Ende der Szene. Auch das Szenenbild verändert sich im Laufe des Geschehens. Die Wände werden durchsichtig, bieten keinen Schutz mehr vor der rauen Wirklichkeit. Pantomimisch wird im Hintergrund auf der Straße der Kampf zwischen einem Betrunkenen und einer Prostituierten dargestellt. An den Wänden erscheinen bedrohliche Schatten, die Blanches Untergang gespenstisch begleiten.

Rezeptionsgeschichte

Die **Uraufführung** von *A Streetcar Named Desire* fand am 3. 12. 1947 im Barrymore Theater in New York statt. Das begeisterte Premierenpublikum applaudierte über 30 Minuten lang. Auch die Kritiker nahmen das Stück mit großem Enthusiasmus auf. Die Tragödie der Blanche DuBois berührte das amerikanische Publikum zutiefst und bescherte Autor und Theater einen Riesenerfolg. Der Einsatz der visuellen Elemente des *plastic theater* eröffneten ein neues Theatererlebnis. *A Streetcar Named Desire* wurde 1948 als bestes Drama des Jahres mit dem Critics Circle Preis und dem Pulitzer-Preis ausgezeichnet. Sensationell waren für das amerikanische Theaterpublikum der frühen 50er-Jahre auch die Themen, die Tennessee Williams behandelte. Was heute weniger aufregend wirkt, war zur Zeit der ersten Aufführungen ein gewaltiger Schock, da die Thematik Bereiche berührte, die in der puritanischen Gesellschaft tabuisiert waren. Entsprechend gab es neben der begeisternden Zustimmung von Seiten der professionellen Kritiker auch Missfallensäußerungen, in denen die Verruchtheit und Schmutzigkeit des Stückes kritisiert wurden. Dem Erfolg taten diese Einwände jedoch keinen Abbruch; im Gegenteil, das Stück trat seinen weltweiten Siegeszug an und wurde überall vor vollen Häusern gespielt. Williams' Einkünfte stiegen in ungeahnte Höhen.

Am 12. 10. 1949 fand die **Londoner Premiere** im Aldwych Theatre statt. Die Hauptrollen waren mit Vivien Leigh und Bonar Colleano besetzt. Williams war bis zu dem Zeitpunkt für die meisten Briten ein wenig bekannter amerikanischer Autor. Bis 1968 musste jedes Stück, das an englischen Theatern aufgeführt werden sollte, einer Zensurbehörde vorgelegt werden, die dann eine Lizenz erteilte oder auch die Aufführung verbot. Für *Streetcar* erteilte der Zensor 1949 eine Genehmigung unter der Auflage, dass die Textpassage, in der Blanche Mitch berichtet, wie sie ihren Mann in flagranti mit einem anderen Mann ertappte, gestrichen wurde. Die Aufführung war ein großer Erfolg. Am Premierenabend gab es 14 Vorhänge für die Schauspieler, und die Londoner Theaterkritiker feierten die Kühnheit des Stückes – „The spirit of daring", so der Kritiker der Sunday Times. Doch noch heftiger als in New York waren die Angriffe, denen das Stück ausgesetzt war. Vor allen die direkte Thematisierung der Sexualität war für große Teile des prüden englischen Theaterpublikums eine Provokation. Die moralische Entrüstung erreichte sogar das Parlament, in dem ein Abgeordneter das Drama als „low and repugnant *[widerlich]*" bezeichnete. Diese Beurteilungen konnten die Zeit nicht überdauern. Es ist jedoch wichtig, sich an sie zu erinnern, um sich bewusst zu machen, dass Williams absolutes Neuland betrat, indem er für das Theater eine neue Dimension eröffnete, nämlich die Auseinandersetzung mit den persönlichsten und intimsten Seiten der menschlichen Existenz.

Der Regisseur der New Yorker Broadway Aufführung war Elia Kazan, ein langjähriger Freund des Autors. Kazan führte auch in der **Filmversion** von 1951 Regie und setzte das gleiche Ensemble ein, das am Broadway Triumphe feierte und an dessen Spitze der junge Marlon Brando seine Weltkarriere startete. Lediglich die weibliche Hauptrolle wurde umbesetzt, statt Jessica Tandy spielte Vivien Leigh die Rolle der Blanche. Seit ihrer Hauptrolle in der Südstaaten-Saga *Gone with the Wind* war Vivien Leigh ein Weltstar und sollte dem Film größere Zugkraft verleihen. Um den Film durch die strenge amerikanische Zensur zu bekommen, wurden einige Änderungen vorgenommen. Die Homosexualität von Blanches Ehemann wurde nicht erwähnt, und das Ende wurde geändert. Stella verlässt Stanley – ein Zugeständnis an den Zeitgeist, der eine Bestrafung des Übeltäters verlangte. Der Film war weltweit erfolgreich und erhielt vier Oscars.

Die **deutschsprachige Erstaufführung** unter dem Titel *Endstation Sehnsucht* fand am 10. November 1949 im Schauspielhaus Zürich statt. In Deutschland wurde das Stück zum ersten Mal am 17. März 1950 in Pforzheim gespielt. Die Tatsache, dass *Streetcar* bis heute auch in anderen Kulturkreisen (z. B. in Japan) erfolgreich ist, beweist, dass Williams Probleme anspricht, die nicht nur typisch amerikanisch sind, sondern alle Menschen betreffen. Obwohl er kein Propagandist sozialer oder politischer Ideen ist, spürt man seine Kritik am amerikanischen Materialismus und Erfolgsdenken. Williams steht immer auf Seiten der Außenseiter, der Menschen, die aufgrund ihrer sozialen Stellung oder ihrer sexuellen Orientierung nicht der Norm entsprechen. Er zeigt die Nöte der Schwachen und Nichtangepassten, für die es bis zu seinem Auftreten keinen Platz gab auf den Bühnen des New Yorker Broadway oder des Londoner West End. Dies ist neben den Neuerungen in der Inszenierung die bleibende Leistung von Tennessee Williams.

Literaturhinweise

Verwendete Textausgaben

WILLIAMS, TENNESSEE: *A Streetcar Named Desire.* Reclam: Stuttgart, 1988.
(Seitenangaben beziehen sich auf diese Ausgabe)

Alternative Textausgabe (mit *Introduction* von Arthur Miller und erweiterter *Scene Six*):
WILLIAMS, TENNESSEE: *A Streetcar Named Desire.* New Directions Publishing: New York, 2004.

Sekundärliteratur

LICHTENSTEIN, JESSE: *Tennessee Williams. A Streetcar Named Desire.* Spark Publishing: New York, 2002.
SAMBROCK, HANA: *Tennessee Williams. A Streetcar Named Desire.* Longman York Press: London, 52007.
TISCHLER, NANCY M.: *Student Companion to Tennessee Williams.* Westport: Greenwood Press, 2000.

Anmerkungen

1 Vgl. SAMBROOK, HANA: Tennessee Williams. *A Streetcar Named Desire.* Longman York Press: London, [5]2007, S. 81 f.

2 SPOTO, DONALD: *The Kindness of Strangers: The Life of Tennessee Williams.* DaCapo Press: New York, 1997, S. 129.

3 So der Kritiker Richard Watts.

4 So die Kritikerin Mary Ann Corrigan.

5 TISCHLER, NANCY M.: *Student Companion to Tennessee Williams.* Greenwood Press: Westport, 2000, S. 46.

6 CARDULLO, BEROT: "Drama of Intimacy and Tragedy of Incomprehension: A Streetcar Named Desire Reconsidered." In: BLOOM, HAROLD (ed.): *Tennessee Williams's a Streetcar Named Desire.* Chelsea House: New York, 1988, S. 79.

7 CARDULLO, BEROTa. a. O., S. 80.

8 „Production Notes", in: Tennessee Williams: *The Glass Menagerie.* Random House: New York, 1945.

9 Ebd.

10 vgl. WELLS, ARVIN R.: „Tennessee Williams. A Glass Menagerie." In: *Insight I. Analyses of American Literature.* Hirschgraben: Frankfurt, 1979, S. 273

11 SPOTO, DONALD, a. a. O., S. 129.

12 Zitiert nach KOLIN, PHILIP C. (ed.): *Tennessee Williams: A Guide to Research and Performance.* Greenwood Press: Westport, 1998, S. 51.

13 TISCHLER, NANCY M.: *a. a. O.*, S. 53.

14 ATKINSON, BROOKS: "Streetcar Tragedy: Mr. Williams' Report on Life in New Orleans." In: CRANDELL, GEORGE W. (ed.): *The Critical Response to Tennessee Williams.* Greenwood Press: Westport, 1996, S. 52.

15 SPOTO, DONALD, a. a. O., S. 69.

16 TISCHLER, a. a. O., S. 50.

17 Zitiert nach KOLIN, PHILIP C. (ed.), a. a. O., S. 51.

18 Vgl. SACHSE, RAINER: *Histrionische und Narzisstische Persönlichkeitsstörungen.* Hogrefe: Göttingen, 2002.

19 SPOTO, DONALD, a. a. O., S. 223.

20 WALTHER, INGO F. *Vincent van Gogh.* Taschen: Köln, 1986, S. 44.

Ihre Meinung ist uns wichtig!

Ihre Anregungen sind uns immer willkommen. Bitte informieren Sie uns mit diesem Schein über Ihre Verbesserungsvorschläge!

Titel-Nr.	Seite	Vorschlag

Bitte hier abtrennen

Bitte hier abtrennen ✂

Zutreffendes bitte ankreuzen! Die Absenderin/der Absender ist:

- ☐ Lehrer/in in den Klassenstufen: ____
- ☐ Fachbetreuer/in
  Fächer: ____
- ☐ Seminarlehrer/in
  Fächer: ____
- ☐ Regierungsfachberater/in
  Fächer: ____
- ☐ Oberstufenbetreuer/in
- ☐ Schulleiter/in
- ☐ Referendar/in, Termin 2. Staatsexamen: ____
- ☐ Leiter/in Lehrerbibliothek
- ☐ Leiter/in Schülerbibliothek
- ☐ Sekretariat
- ☐ Eltern
- ☐ Schüler/in, Klasse: ____
- ☐ Sonstiges: ____

STARK Verlag
Postfach 1852
85318 Freising

21-V1P

Bitte ausfüllen und im frankierten Umschlag an uns einsenden. Für Fensterkuverts geeignet.

Kennen Sie Ihre Kundennummer? Bitte hier eintragen.

Absender (Bitte in Druckbuchstaben!)

Name/Vorname

Straße/Nr.

PLZ/Ort/Ortsteil

Telefon privat

Geburtsjahr

E-Mail

Schule/Schulstempel (Bitte immer angeben!)

Unterrichtsfächer: (Bei Lehrkräften!)

Deutsch Prüfungstraining Literatur

Prüfungstraining Literatur
Liebeslyrik .... Best.-Nr. 1045401
Prüfungstraining Literatur – Baden-Württemberg
Peter Stamm: *Agnes* .... Best.-Nr. 8454001
Prüfungstraining Literatur – Niedersachsen
Christian Kracht: *Faserland* .... Best.-Nr. 3454001
Prüfungstraining Literatur – NRW
Thomas Mann: *Buddenbrooks* .... Best.-Nr. 5454001
Prüfungstraining Literatur – NRW
J. W. v. Goethe: *Iphigenie auf Tauris* .... Best.-Nr. 5454003

Englisch Interpretationen

Albee:
Who's afraid of Virginia Woolf? .... Best.-Nr. 2500101
Atwood: *The Handmaid's Tale* .... Best.-Nr. 2500181
Auster: *Moon Palace* .... Best.-Nr. 2500031
Boyle: *The Tortilla Curtain* .... Best.-Nr. 2500131
Bradbury: *Fahrenheit 451* .... Best.-Nr. 2500141
20th Century English Short Stories .... Best.-Nr. 2500151
Fitzgerald: *The Great Gatsby* .... Best.-Nr. 2500191
Golding: *Lord of the Flies* .... Best.-Nr. 2500051
Hornby: *About a Boy* .... Best.-Nr. 2500201
Huxley: *Brave New World* .... Best.-Nr. 2500281
Ishiguro: *The Remains of the Day* .... Best.-Nr. 2500171
Lee: *To Kill A Mockingbird* .... Best.-Nr. 2500231
Lessing: *The Fifth Child* .... Best.-Nr. 2500071
MacLaverty: *Cal* .... Best.-Nr. 2500161
Priestley: *An Inspector Calls* .... Best.-Nr. 2500081
Russell: *Educating Rita* .... Best.-Nr. 2500061
Salinger: *The Catcher in the Rye* .... Best.-Nr. 2500111
Shakespeare: *Macbeth* .... Best.-Nr. 2500011
Shakespeare: *Much Ado About Nothing* Best.-Nr. 2500241
Shakespeare: *Romeo and Juliet* .... Best.-Nr. 2500041
Shaw: *Pygmalion* .... Best.-Nr. 2500121
Shepard: *True West* .... Best.-Nr. 2500211
Swarup: *Q & A: Slumdog Millionaire* ..... Best.-Nr. 2500271
Williams: *A Streetcar Named Desire* ..... Best.-Nr. 2500221

Englisch Training

Themenwortschatz .... Best.-Nr. 82451
Grammatikübungen .... Best.-Nr. 82452
Übersetzung .... Best.-Nr. 82454
Grundlagen, Arbeitstechniken und
Methoden mit Audio-CD .... Best.-Nr. 944601
Sprechfertigkeit mit Audio-CD .... Best.-Nr. 94467
Sprachmittlung .... Best.-Nr. 94469
Abitur-Wissen
Landeskunde Großbritannien .... Best.-Nr. 94461
Abitur-Wissen Landeskunde USA .... Best.-Nr. 94463
Abitur-Wissen
Englische Literaturgeschichte .... Best.-Nr. 94465
Klausuren Englisch Oberstufe .... Best.-Nr. 905113

Kompakt-Wissen Abitur
Themenwortschatz .... Best.-Nr. 90462
Kompakt-Wissen Abitur
Landeskunde/Literatur .... Best.-Nr. 90463

Spanisch

Kompakt-Wissen Abitur
Wortschatz Oberstufe .... Best.-Nr. 945401

Französisch Interpretationen

Camus: *L'Etranger/Der Fremde* .... Best.-Nr. 2550041
Sartre: *Huis clos/*
Geschlossene Gesellschaft .... Best.-Nr. 2550051
Schmitt: *Oscar et la dame rose* .... Best.-Nr. 2550071

Französisch Training

Landeskunde Frankreich .... Best.-Nr. 94501
Themenwortschatz .... Best.-Nr. 94503
Textarbeit Oberstufe .... Best.-Nr. 94504
Sprachmittlung · Übersetzung .... Best.-Nr. 94512
Abitur-Wissen
Französische Literaturgeschichte .... Best.-Nr. 94506
Klausuren Französisch Oberstufe .... Best.-Nr. 105011
Kompakt-Wissen Abitur
Themenwortschatz .... Best.-Nr. 945010
Kompakt-Wissen Abitur
Kurzgrammatik .... Best.-Nr. 945011

Latein Training

Abitur-Wissen
Lateinische Literaturgeschichte .... Best.-Nr. 94602
Abitur-Wissen Römische Philosophie .... Best.-Nr. 94604
Abitur-Wissen Prüfungswissen Latinum Best.-Nr. 94608
Klausuren Latein Oberstufe .... Best.-Nr. 106011
Kompakt-Wissen Kurzgrammatik .... Best.-Nr. 906011

Bestellungen bitte direkt an:
STARK Verlagsgesellschaft mbH & Co. KG · Postfach 1852 · 85318 Freising
Tel. 0180 3 179000* · Fax 0180 3 179001* · www.stark-verlag.de · info@stark-verlag.de
*9 Cent pro Min. aus dem deutschen Festnetz, Mobilfunk bis 42 Cent pro Min.
Aus dem Mobilfunknetz wählen Sie die Festnetznummer: 08167 9573-0

Lernen • Wissen • Zukun

21-V1P